D1691520

FKK

NEUE BAUHAUSBÜCHER

NEUE FOLGE
DER VON WALTER GROPIUS
UND LASZLO MOHOLY-NAGY
BEGRÜNDETEN
›BAUHAUSBÜCHER‹

HERAUSGEGEBEN
VON HANS M. WINGLER

WALTER GROPIUS

BAUHAUSBAUTEN DESSAU

MIT EINER VORBEMERKUNG
DES HERAUSGEBERS

BEI FLORIAN KUPFERBERG
MAINZ UND BERLIN

© 1974 Florian Kupferberg Verlag, Mainz
Alle Rechte, auch die des Nachdrucks in Auszügen,
der fotomechanischen Wiedergabe
und der Übersetzung, vorbehalten.
Faksimile-Nachdruck nach der Ausgabe
von 1930 durch Parzeller & Co., Fulda
Printed in Germany
ISBN 3 7837 0083 3

Die aus Band 12 der alten Reihe der ›Bauhausbücher‹
übernommenen Seiten 7 bis 221 sind
von Laszlo Moholy-Nagy typographisch gestaltet worden.

Umschlag nach dem Entwurf
von Laszlo Moholy-Nagy für die erste Ausgabe.

VORBEMERKUNG DES HERAUSGEBERS

Walter Gropius gab dieses Buch im Jahre 1930 als Band 12 der von ihm gemeinsam mit Laszlo Moholy-Nagy edierten ›bauhausbücher‹ an die Öffentlichkeit. Es hat die von Gropius in und für Dessau geschaffenen Bauten zum Gegenstand. Die Zeitspanne ihrer Entstehung beginnt mit der Übersiedlung des Bauhauses von Weimar nach Dessau im Frühjahr 1925 und endet mit dem Ausscheiden von Gropius aus dem Bauhaus im Frühjahr 1928.
Genau drei Jahre dauerte also dieser Lebens- und Schaffensabschnitt von Gropius. Weshalb beendete Gropius ihn so abrupt mit seinem Wegzug von Dessau nach Berlin, warum gab er die Leitung des Bauhauses auf, obwohl besonders die letzen Bauhaus-Jahre ganz offenbar sowohl im Organisatorischen und Pädagogischen wie auch im Künstlerischen mit reicher Entfaltung verbunden waren? Der Anstöße mögen es verschiedene gewesen sein. Der tiefere Grund war jedenfalls, daß Gropius — so überraschend dies im Rückblick erscheinen mag — an der Möglichkeit zweifelte, von Dessau aus große architektonische Konzeptionen verwirklichen zu können. Eben diese Chance erhoffte er sich von seiner Vaterstadt Berlin. Seit 1925, ja schon seit der Weimarer Zeit, war Gropius mit aufklärenden und werbenden Vorträgen über das stets gefährdete Bauhaus fast permanent bis hin nach Amsterdam, Prag und Königsberg unterwegs gewesen, und diese Zwänge waren ihm mehr und mehr unerträglich geworden, weil sie die kreative Leistung zu blockieren schienen. Was Gropius trotz einer aufreibenden Alltagswirklichkeit schöpferisch leistete, wurde im Moment des Agierens, in der unmittelbaren Gegenwart, wohl nicht evident. Tatsächlich bedeutete die Dessauer Schaffensperiode hinsichtlich der künstlerischen Intensität und Qualität und des Ertrags aber einen der Gipfel in seinem Werk. Die folgende Berliner Zeit mag sie — vielleicht — in der Fülle der neuen architektonischen Ideen übertreffen, welche Gropius in seinen Planungen, Wettbewerbsbeiträgen und Veröffentlichungen ausschüttete; die Weltwirtschaftskrise, die damals begann, hemmte jedoch die Realisierungen, die meisten Intentionen blieben auf dem Papier, und gewiß wurde die großartige innere Einheitlichkeit des Dessauer Bautenkomplexes in Berlin nicht erreicht. Mit der Entwick-

lung änderten sich die Qualitätskriterien. Für die Dessauer Bautengruppe erweist sich als das wohl hervorstechendste Merkmal ihre Homogenität.
In der Reihe der großen Architekten seiner Generation ist Gropius derjenige, der sich am entschiedensten für die künstlerische Arbeitsgemeinschaft, für das Teamwork, ausgesprochen hat. Abhängig war er vom Team aber jedenfalls nicht. Gropius war als entwerfender Architekt im wesentlichen auf sich allein gestellt, nachdem Adolf Meyer, mit dem er seit der Planung des Fagus-Werks (1911) zusammengearbeitet hatte, bei Auflösung des Weimarer Bauhauses einem Ruf nach Frankfurt am Main gefolgt war: Die Dessauer Bauten sind ohne den mitschöpferischen Kompagnon entworfen worden, sie zeigen Gropius und sein architektonisches Denken in Reinkultur. Dessau war für Gropius — auch wenn er sich dessen nicht gewahr gewesen sein sollte — ein Lebensabschnitt bedeutungsvoller Selbstverwirklichung.
Die Dessauer ›Bauhausbauten‹ bilden einen bei aller Vielfalt in sich abgerundeten Komplex. Außer den in diesem Band behandelten Gebäuden ist ihnen sinngemäß auch noch das für den Berliner Regisseur Erwin Piscator entworfene, unausgeführt gebliebene ›Totaltheater‹ zuzurechnen (vgl. Walter Gropius, ›Die Aufgaben der Bühne im Bauhaus‹, erschienen als Nachwort zu der in der Reihe ›Neue Bauhausbücher‹ veranstalteten Neuausgabe des von Oskar Schlemmer, Laszlo Moholy-Nagy und Farkas Molnar verfaßten Buches ›Die Bühne im Bauhaus‹, p. 86 ff.). Aus denselben höchst produktiven Jahren datieren noch einige weitere wichtige architektonische Arbeiten, so die Dammerstock-Siedlung in Karlsruhe, das Musterhaus in der Weißenhofsiedlung zu Stuttgart und das für Halle an der Saale entworfene Projekt einer Stadtkrone.
In Dessau amalgamierte sich das künstlerisch Neuartige, wie das Bauhaus-Gebäude es in so hohem Grade aufweist, mit geradezu wissenschaftlich forschendem Geist. Die Siedlung Törten ist nur dann richtig zu würdigen, wenn man sie als ein mit wissenschaftlichem Anspruch unternommenes soziales, ökonomisches und technisches Experiment versteht. Meisterleistungen an Exaktheit hat Gropius ja auch in den programmatischen Darlegungen und sachlichen Kommentaren zu seinen Bauten erbracht.
Das Bauhaus als Institution ist 1932 aus Dessau vertrieben worden. Die Dessauer Gropius-Bauten sind — bis auf das Arbeitsamt, das unangetastet blieb — durch das NS-Regime und den zweiten Weltkrieg mehr oder minder stark beschädigt worden, und in der Zeit seither hat man sie auch nicht eben verständig gepflegt.

Die für die Siedlungshäuser in Törten charakteristischen Strukturen sind bereits in den dreißiger Jahren fast ausnahmslos bis zur Unkenntlichkeit verschandelt worden (besser erging es dort nur den im Anschluß an die Gropius-Siedlung zwischen 1928 und 1930 unter Hannes Meyer entstandenen Laubenganghäusern). Substantiell beeinträchtigt ist auch die Reihe der Bauhaus-Meisterhäuser. Bomben und Gleichgültigkeit haben das für Gropius selbst errichtete Haus bis auf die Fundamente zerstört. Bei den Doppelhäusern sind die verglasten Atelier-Wände von den NS-Ideologen verändert worden, Bomben versehrten vor allem die (ursprünglich von Moholy-Nagy und Feininger bewohnte) erste Gruppe neben dem Gropius-Haus; immerhin wären die Doppelhäuser durchaus wieder herstellbar. Schwerwiegende Eingriffe hat das Bauhaus-Gebäude sich gefallen lassen müssen. Die anfängliche Forderung der Nationalsozialisten, das ›kulturbolschewistische Schandmal‹ abzureißen, wurde zwar alsbald aufgegeben, und das Gebäude durfte sogar eine der Organisationen der NSDAP beherbergen; aber auf den Ateliertrakt wurde ein (inzwischen wieder entferntes) Satteldach gestülpt, und im Kriege vernichteten Bomben die gläsernen Wände des Werkstattflügels. Man hat das Gebäude in den sechziger Jahren mit Bemühung, aber ohne Sinn für die immanente Struktur wiederherzustellen versucht, indem man die — von Gropius als transluzide einheitliche Fläche konzipierte — Werkstattfront mit horizontalen Fenster- und Mauerbändern überzog; friesartige Gliederungen kommen bei Gropius durchaus vor, hierher jedoch gehören sie nun einmal nicht. Den Absichten des Bauhauses ziemlich konträr ist die innere Ausgestaltung. Das Gebäude dient — noch oder wieder — Unterrichtszwecken. Anfang der siebziger Jahre ist erwogen worden, in ihm eine an der Bauhaus-Tradition orientierte Schule für industrielles Design einzurichten. Einer Zeitungsmeldung zufolge, die im Februar 1974 verbreitet wurde, ist ein Dessauer Architektenkollektiv beauftragt worden, das Bauhaus-Gebäude ›unter Beibehaltung der Grundideen von Walter Gropius‹ mit modernen Baustoffen und den ›jetzigen Erfordernissen‹ entsprechend wiederherzustellen.

Berlin, im Frühjahr 1974   H. M. Wingler

inhalt

	seite
vorwort	**7**
bauhausgebäude dessau	**13**
wohnungen der bauhausmeister, dessau	**84**
siedlung dessau-törten und gebäude des konsumvereins dessau	**152**
arbeitsamt, dessau	**201**

vorwort

dieses buch ist ein bericht — über eine abgeschlossen vor mir liegende reiche zeit des aufbaues, der entwicklung, der gemeinschaftlichen arbeit.

die geschichte des bauhauses beginnt in weimar im frühjahr 1919. von der provisorischen regierung in sachsen-weimar-eisenach berufen, übernahm ich die leitung der ehemaligen „großherzoglichen hochschule für bildende kunst" und der ehemaligen von van de velde gegründeten „großherzoglichen kunstgewerbeschule" und nannte mit zustimmung der regierung das neue gesamtinstitut „staatliches bauhaus in weimar". das grundziel für den aufbau des bauhauses war die syntese alles künstlerischen schaffens zur e i n h e i t, die vereinigung aller werkkünstlerischen und technischen disziplinen zu einer neuen baukunst als deren unablösliche bestandteile, zu einer baukunst also, die dem lebendigen leben dient.

nach der brutalen unterbrechung der arbeit, die der krieg erzwang, ergab sich für jeden denkenden die notwendigkeit der umstellung. jeder sehnte sich von seinem gebiet aus, den unheilvollen zwiespalt zwischen wirklichkeit und geist zu überbrücken. sammelpunkt dieses willens wurde das bauhaus.

auf das manifest für den aufbau des bauhauses kamen viele begabte, junge menschen, um in zeiten größter wirtschaftlicher entbehrungen und hart befehdet durch eine verständnislose umwelt, sich der weitgesteckten, sozialen aufgabe des bauhauses zukunftssicher hinzugeben. über eigene irrtümer hinweg, immer voll höchster lebendigkeit fand das bauhaus allmählich seinen weg. langsam vollzog es im kampf wider die geltende formalistische auffassung die eigene klärung. gerade eindeutige, selbstverständlich erscheinende gedanken brauchen ja die längste zeit zu ihrer verwirklichung infolge ihrer radikalen, d. h. wurzelhaften herkunft, die sie nicht für einen engen, schnell übersehbaren bezirk, sondern für das umfassende leben gültig sein läßt. mit allen metoden begrifflicher deutung und syntetischer erfassung warf sich das bauhaus darauf, dem problem der gestaltung auf den ursprung zu kommen und die ergebnisse seiner erkenntnis mit zäher energie allen bewußt zu machen, nämlich: daß die künstlerische gestaltung nicht eine geistige oder materielle luxusangelegenheit, sondern sache des lebens selbst sein müsse! daß ferner d i e r e v o l u t i o n d e s k ü n s t l e r i s c h e n g e i s t e s elementare erkenntnisse für die neue gestaltung brachte, wie d i e t e c h n i s c h e u m w ä l z u n g das werkzeug für ihre erfüllung! alle anstrengung galt der durchdringung beider geistesgruppen, der befreiung des schöpferischen menschen aus seiner weltabgeschiedenheit durch seine verbindung mit den heilsamen realitäten der werkwelt und gleichzeitig der auflockerung und erweiterung des starren, engen, fast nur materiell gerichteten geistes in der wirtschaft. dieser soziale gedanke der einheit aller gestalterischen arbeit in ihrer beziehung zum leben selbst — im gegensatz zur „l'art pour l'art", ebenso wie zu deren gefährlicherer ursache, der „wirtschaft als selbstzweck"— beherrschte also die arbeit des bauhauses. die wegrichtung war zunächst entscheidender als die produktiven ergebnisse des anfangs.

von seiner leidenschaftlichen teilnahme an dieser geistigen auseinandersetzung rührt das lebhafte interesse des bauhauses an der gestaltwerdung technischer erzeugnisse und an der organischen entwicklung ihrer herstellungsmethoden her, das zu der irrtümlichen auffassung führte, als errichte es eine apotheose des rationalismus. es suchte vielmehr die gemeinsamen voraussetzungen und die grenzen der schaffensgebiete für den gestalterischen und technischen bereich: „jedes ding ist bestimmt durch sein wesen. um es so zu gestalten, daß es richtig funktioniert, muß sein wesen erforscht werden; denn es soll seinem zweck vollendet dienen, d. h. seine funktionen praktisch erfüllen, dauerhaft, billig und ‚schön' sein."●) aber reibungsloses, sinnvolles funktionieren des täglichen lebens ist kein endziel, sondern bildet nur die voraussetzung, um zu einem maximum an persönlicher freiheit und unabhängigkeit zu gelangen. die standardisierung der praktischen lebensvorgänge, wie sie das bauhaus anstrebt, bedeutet daher keine neue versklavung und mechanisierung des individuums, sondern befreit das leben von unnötigem ballast, um es desto ungehemmter und reicher sich entfalten zu lassen.

um diese forderungen zu erfüllen, muß „mit geringsten mitteln größte wirkung" erreicht werden. unserer zeit der technik ist dieses alte gesetz bei der lösung materieller fragen schnell bewußt geworden; es beherrscht das werk der techniker. die ökonomie des geistigen setzt sich langsamer durch, da sie mehr erkenntnis und denkzucht voraussetzt, als ökonomie im materiellen sinne. hier ist der brennpunkt zwischen zivilisation und kultur! er beleuchtet den wesensunterschied zwischen dem produkt der technik und wirtschaft, der nüchternen arbeit des rechnenden verstandes gegenüber dem „kunstwerk", dem produkt der leidenschaft. jenes die objektive summe aus der arbeit zahlloser individuen; dieses — darüber hinaus — auch ein einmaliges resultat, ein in sich abgeschlossener subjektiver mikrokosmos, dessen allgemeingültigkeit mit der reife seines schöpfers wächst.

was zieht den künstlerischen gestalter zu dem vollendeten vernunfterzeugnis der technik hin? die mittel seiner gestaltung! denn seine innere wahrhaftigkeit, die knappe, frasenlose, der funktion entsprechende durchführung aller seiner teile zu einem organismus, die kühne ausnutzung der neuen stoffe und metoden ist auch für die künstlerische schöpfung logische voraussetzung.

●) siehe bauhausbücher bd. 7: walter gropius, „grundsätze der bauhausproduktion".

das „kunstwerk" hat im geistigen wie im materiellen sinne genau so zu „funktionieren" wie das erzeugnis des ingenieurs, wie z. b. ein flugzeug, dessen selbstverständliche bestimmung es ist, zu fliegen. in diesem sinne kann der künstlerisch schaffende im technischen produkt sein vorbild sehen und aus der vertiefung in seinen entstehungsvorgang anregung für sein eigenes werk empfangen, ohne dabei seinen eigenen bezirk zu verlassen, dessen wesen sich von dem technischen schaffensvorgang unterscheidet. denn das kunstwerk ist zwar immer auch ein produkt der technik, aber es hat gleichzeitig noch geistige zwecke zu erfüllen, deren sinnfälligmachung nur mit mitteln der fantasie und leidenschaft gelingt.

und hier schiebt sich das andere große problem in den gesichtskreis des bauhauses: was ist raum? mit welchen mitteln wird er gestaltet?●) von den problematikern unter den modernen malern war die wiedereroberung des abstrakten raumes ausgegangen; dies war der grund für ihre unentbehrlichkeit beim aufbau der neuen bauhauslehre. im bild, im haus, im gerät und auf der bühne wurden die räumlichen beziehungen erforscht und entwickelt und objektiv erfaßbares in die lehre eingegliedert.

die ersten produktiven ergebnisse dieser gedanklichen vorarbeit des bauhauses in seiner ausstellung in weimar 1923 unter dem stichwort „kunst und technik eine neue einheit" begründeten den ruf des vielumkämpften instituts in der öffentlichkeit. seine ideen wurden zum sauerteig, der überall entwicklung und klärung der probleme antrieb.

trotzdem standen ihm schwere krisen bevor. bedroht durch eine verständnislose und feindselige regierung, entschloß sich leitung und meisterrat weihnachten 1924 — um einer zerstörung des instituts zuvorzukommen — von sich aus öffentlich die auflösung des bauhauses zu erklären, in dem bewußtsein ihrer solidarität und der stärke ihres moralischen urheberrechts. trotz aller gegenteiligen prognosen●●) sollte sich dieser schritt als richtig erweisen. die geistige front, die sich zwischen den führenden meistern, die nach und nach ans bauhaus berufen worden waren — lyonel feininger, wassily kandinsky, paul klee, gerhard marcks, ladislaus moholy-nagy, georg muche, oskar schlemmer ●●●) — und den studierenden gebildet hatte, bestand ihre menschliche probe. auch die studierenden

---

●) siehe das grundlegende kapitel „der raum" in moholy-nagy's: „von material zu architektur" (bauhausbücher bd. 14.)
●●) zur erläuterung. welcher gegnerschaft das bauhaus damals ausgesetzt war, diene nachstehende kritik eines fachmannes in der „baugilde": „niemand hat in wahrheit das bauhaus ermordet! es hat sich selbst umgebracht! ... müssen wir in deutschland heute noch schulen errichten, in welchen die fähigkeit kultiviert wird, für bemittelte schichten interessante nebensächlichkeiten zu erzeugen? müssen junge menschen dafür abgerichtet werden, die lebensöde und die inhaltsleere unserer sogenannten kulturkreise mit immer neuem kunstkonditorkram auszufüllen, der den herstellern selbst den magen verdirbt?" h. de fries.
●●●) j. itten und l. schreyer waren bereits in früheren jahren ausgeschieden.

teilten von sich aus der regierung ihre solidarität mit der leitung und den meistern mit und erklärten ihren austritt. diese geschlossene haltung des bauhauses fand ihren widerhall in der gesamten presse und entschied sein schicksal. verschiedene städte — dessau, frankfurt a. m., hagen i. w., mannheim, darmstadt — begannen verhandlungen wegen übernahme des bauhauses. dessau im zentrum des mitteldeutschen braunkohlenreviers, mit aufsteigender wirtschaftlicher entwicklung, faßte — geleitet durch den weitblick seines oberbürgermeisters hesse — den beschluß, das bauhaus im ganzen zu übernehmen. mit ablauf der verträge in weimar siedelten die meister und studierenden im frühjahr 1925 nach dessau über und begannen den neuaufbau des bauhauses. thüringen sah sich gezwungen seine juristischen ansprüche auf den namen „bauhaus" aufzugeben und die regierung von anhalt bestätigte das neue institut als „bauhaus dessau, hochschule für gestaltung". die stadtverwaltung ging mit der übernahme des bauhauses konsequent zu werke; sie bewilligte nach meinen vorschlägen den neubau des instituts mit einem besonderen wohnbau für die studierenden, sowie sieben einfamilienwohnungen für die meister und übertrug mir die durchführung dieser bauten, die gleichzeitig zu einer willkommenen praktischen betätigung der werkstätten führte.

die grundlage der bauhausarbeit, insbesondere die lehre, wurde gleichzeitig nach den erfahrungen der weimarer jahre sorgsam revidiert, nachdem sechs bauhausstudierende, josef albers, herbert bayer, marcell breuer, hinnerk scheper, joost schmidt und gunta stölzl in lehrstellen und in den meisterrat berufen wurden. die vertretung der studierenden nahm aktiv an der gesamtorganisation teil. die in weimar entwickelten ideen und pläne fanden ihre befestigung und allmähliche verwirklichung, ihre soziale tragweite wurde erkennbar. die fäden zur industrie wurden enger geknüpft und die werkstätten gewannen bestimmter den gewollten charakter vorbereitender versuchslaboratorien für serienprodukte der industrie. die baulehre wurde durch hinzuziehung von spezialfachlehrern erweitert und die grund- und gestaltungslehre, die schlagader der gemeinsamen bauhausarbeit, empfing neue lebendige impulse.

inzwischen wurde der neubau des bauhauses nach einjähriger bauzeit bezogen und im dezember 1926 mit einer neuen ausstellung vor zahlreichen gästen des in- und auslandes eingeweiht.

die einheitliche erscheinungsform seiner arbeitsergebnisse — wie sie sich auch in diesem buch manifestiert — trotz der verschiedenheit der zusammen arbeitenden individualitäten, war die frucht der gemeinsam entwickelten geistesrichtung des bauhauses, die ein schaffen nach dem dekret einer ästetisch-stilistischen formvorstellung im alten „kunstgewerblichen" sinne endlich überwunden hatte. die „bauhausbücher", die zeitschrift „bauhaus" und die vorträge der „bauhausabende" die schon in weimar gepflegt wurden, hielten den fragenkomplex des bauhauses zur abwehr einer frühzeitigen akademischen versandung in lebhafter bewegung. aber gleichzeitig mußte der kampf gegen nachahmer und mißverstehende einsetzen, die nun in allen bauten und geräten der modernen zeit, die der dekoration entbehren, die zugehörigkeit zu einem „bauhausstil" erblicken wollten und den wohlfundierten sinn der bauhausarbeit zu verflachen drohten. das ziel des bauhauses ist eben kein „stil", kein system, dogma oder kanon, kein rezept und keine mode! es wird lebendig sein, solange es nicht an der form hängt, sondern hinter der wandelbaren form das fluidum des lebens selbst sucht!

als erstes institut in der welt hat das bauhaus es gewagt diese antiakademische geisteshaltung schulisch zu verankern. um seine idee zum siege zu führen, übernahm es die führerpflicht, die wache lebendigkeit seiner kampfgemeinschaft zu erhalten, in der allein sich fantasie und wirklichkeit durchdringen können. ein „bauhausstil" aber wäre ein rückschlag in die akademische stagnation, in den lebensfeindlichen trägheitszustand, zu dessen bekämpfung das bauhaus einst ins leben gerufen wurde. vor diesem tod möge das bauhaus bewahrt bleiben!

als ich im frühjahr 1928 das bauhaus nach neun von kämpfen und verantwortung erfüllten jahren verließ, um mich wieder eigener bautätigkeit zuzuwenden, hatten die gedanken des bauhauses in der allgemeinheit fuß gefaßt. der erste und schwerste teil seiner aufgabe war erfüllt.

●

mit den abbildungen und bemerkungen in diesem buche will ich einen bericht über meine eigene arbeit als architekt und bauorganisator während meiner dessauer bauhausjahre geben. diese arbeit war produkt der atmosfäre, die in den aufbaujahren des bauhauses entstand und war ein vorstoß — mit allen notwendigen folgen des kampfes — um ihre neuen technischen und formalen ergebnisse.

die mittel der darstellung von bauten in einem buch sind sehr beschränkt. die fotografie vermag das erlebnis des raumes nicht wiederzugeben. die wahren maßverhältnisse eines raumes oder eines baukörpers im verhältnis zu unserer feststehenden, absoluten körpergröße erzeugen vor dem bauwerk selbst im beschauer erregende spannungen, die das verkleinerte flächenabbild überhaupt nicht zu vermitteln vermag. schließlich sind masse und raum auch gehäuse und hintergrund für das leben selbst, dem sie dienen sollen, — die bewegungsvorgänge, die sich in ihnen abspielen, sind nur in übertragenem sinne darstellbar. ich glaube, das wesentliche dieser bauten, die ordnung der sich in ihnen abspielenden lebensfunktionen und den daraus resultierenden räumlichen ausdruck, aus allen diesen gründen nur dadurch wiedergeben zu können, daß ich den leser nacheinander an zahlreichen bildausschnitten vorüberführe, um ihm durch diesen wechsel der sichten die illusion des gedachten räumlichen ablaufs zu vermitteln.

die stadt dessau hatte mir für sämtliche bauten die gesamtregie — planung, vergabe und bauleitung — übertragen, sodaß auch alle einzelarbeit bei mir im bauhaus zusammenlief und einheitlich eingegliedert werden konnte. sämtliche entwürfe und baupläne entstanden in meinem privatatelier●); trotzdem veröffentliche ich die bauten unter dem namen „bauhausbauten". denn die öffentlichkeit sah in ihnen mit recht die frucht des ständigen geistigen austausches, der im bauhaus herrschte und meister und werkstätten hatten überdies wesentliche gebiete der einrichtung selbständig geplant und durchgeführt●●).

●) an der planung und durchführung der bauten wirkten in meinem baubüro mit die architekten: karl fieger, friedrich hirz, max krajewski, fritz levedag, otto meyer-ottens, ernst neufert, heinz nösselt, richard paulick, herbert schipke, bernhard sturtzkopf, franz throll, walter tralau, hans volger.

●●) die bauhaustischlerei lieferte möbel und einbauten, die metallwerkstatt beleuchtungskörper, die weberei möbel- und vorhangstoffe, die wandmalerei übernahm die äußere und innere farbige gestaltung der bauten und die druckerei die beschriftung.

bauhausgebäude dessau
erbaut 1926
architekt: walter gropius

das bauhausgebäude

wurde im herbst 1925 im auftrage der stadt dessau begonnen, nach einjähriger bauzeit fertiggestellt und im dezember 1926 eingeweiht.

der gesamte bau bedeckt rund 2630 qm grundfläche und enthält ca. 32450 cbm umbauten raum. er kostete 902 500 mk oder 27,8 mk pro cbm umbauten raum einschließlich sämtlicher nebenkosten. die beschaffung des inventars kostete 126 200 mk.

der gesamte baukomplex besteht aus drei teilen:

1 der flügelbau der „technischen lehranstalten"

(später berufsschule) enthält lehr- und verwaltungsräume, lehrerzimmer, bibliotek, fysiksaal, modellräume; voll ausgebautes sockelgeschoß, hochparterre und zwei obergeschosse. im ersten und zweiten obergeschoß führt eine auf vier pfeilern über die fahrstraße gespannte brücke, in der unten die bauhausverwaltung, oben die architekturabteilung untergebracht ist, zu dem bau der

2 laboratoriumswerkstätten und lehrräume des bauhauses.

im sockelgeschoß die bühnenwerkstatt, druckerei, färberei, bildhauerei, pack- und lagerräume, hausmannswohnung und heizkeller mit vorgelagertem kohlenbunker.

im hochparterre die tischlerei und die ausstellungsräume, großes vestibül und daran anschließend die aula mit der vorgelagerten überhöhten bühne.

im ersten obergeschoß die weberei, die räume für die grundlehre, ein großer vortragsraum und die verbindung von bau **1** zu bau **2** durch die brücke.

im zweiten obergeschoß die wandmalereiwerkstatt, metallwerkstatt und zwei vortragssäle, die zu einem großen ausstellungssaal zusammengezogen werden können. daran anschließend die zweite brückenetage mit den räumen für die architekturabteilung und das baubüro gropius.

die aula im erdgeschoß dieses baues führt in einem eingeschossigen zwischenbau zum

3 atelierhaus, das die wohlfahrtseinrichtungen für die studierenden enthält. die bühne zwischen aula und speisesaal kann bei vorführung nach beiden seiten geöffnet werden, sodaß die zuschauer beiderseits sitzen können. bei festlichen gelegenheiten lassen sich sämtliche bühnenwände öffnen, sodaß die raumfolge speisesaal, bühne, aula, vestibül zu einer großen festebene vereint werden kann.

an den speisesaal schließt sich die küche mit nebenräumen an. vor dem speisesaal liegt eine geräumige terrasse, an die ein großer sportspielplatz anschließt.

in den fünf oberen geschossen des atelierhauses sind 28 wohnateliers für studierende des bauhauses untergebracht, auf jeder etage außerdem eine teeküche. alle vier geschosse des atelierhauses und das begehbare dach sind durch speiseaufzug mit der küche verbunden.

im sockelgeschoß des atelierhauses liegen bäder, gymnastikraum mit garderoben für sporttreibende und eine elektrische waschanstalt.

material und konstruktion der gesamtanlage:

eisenbetongerippe mit ziegelmauerwerk. steineisendecken auf unterzügen, im sockelgeschoß „pilzdecke". sämtliche fenster aus doppelt überfälzten profileisen mit kristallspiegelglas verglast. die begehbaren flachen dächer mit verlöteten asfaltplatten auf torfoleumisolierlage, die nicht begehbaren flachdächer mit kaltlack auf jutegewebe über torfoleumisolierlage und abgleichbeton belegt. entwässerung durch gußeiserne rohre im innern der gebäude unter verzicht auf zinkblech. außenhaut zementputz mit keimscher mineralfarbe.

die farbige raumgestaltung des gesamten baues wurde von der wandmalereiabteilung des bauhauses durchgeführt. sämtliche beleuchtungskörper stammen in konstruktion und ausführung aus der metallwerkstatt des bauhauses. die stahlrohrmöbel der aula, des speisesaales und der ateliers wurden nach entwürfen von m. breuer hergestellt. die beschriftungen führte die druckereiabteilung des bauhauses aus.

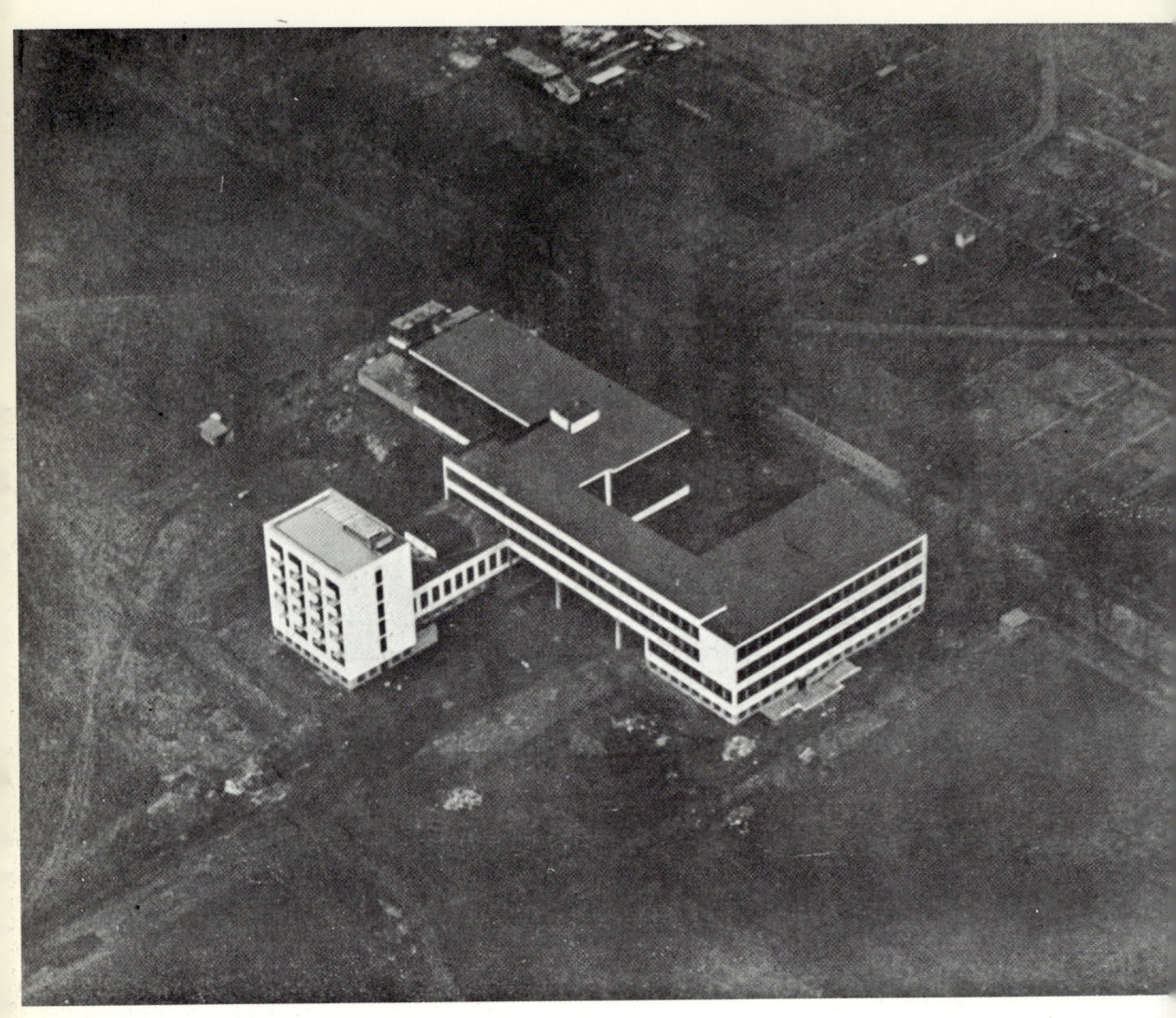

abb. 1 bauhausgebäude
aus der vogelschau

luftbild r. petschow / berlin

die verkehrswege in der luft erheben eine neue forderung an die erbauer von häusern und städten:
auch das bild der bauten aus der vogelschau, das die menschen in früheren zeiten nicht zu gesicht bekamen, bewußt zu gestalten.

abb. 2 bauhausgebäude
aus der vogelschau

luftbild r. petschow / berlin

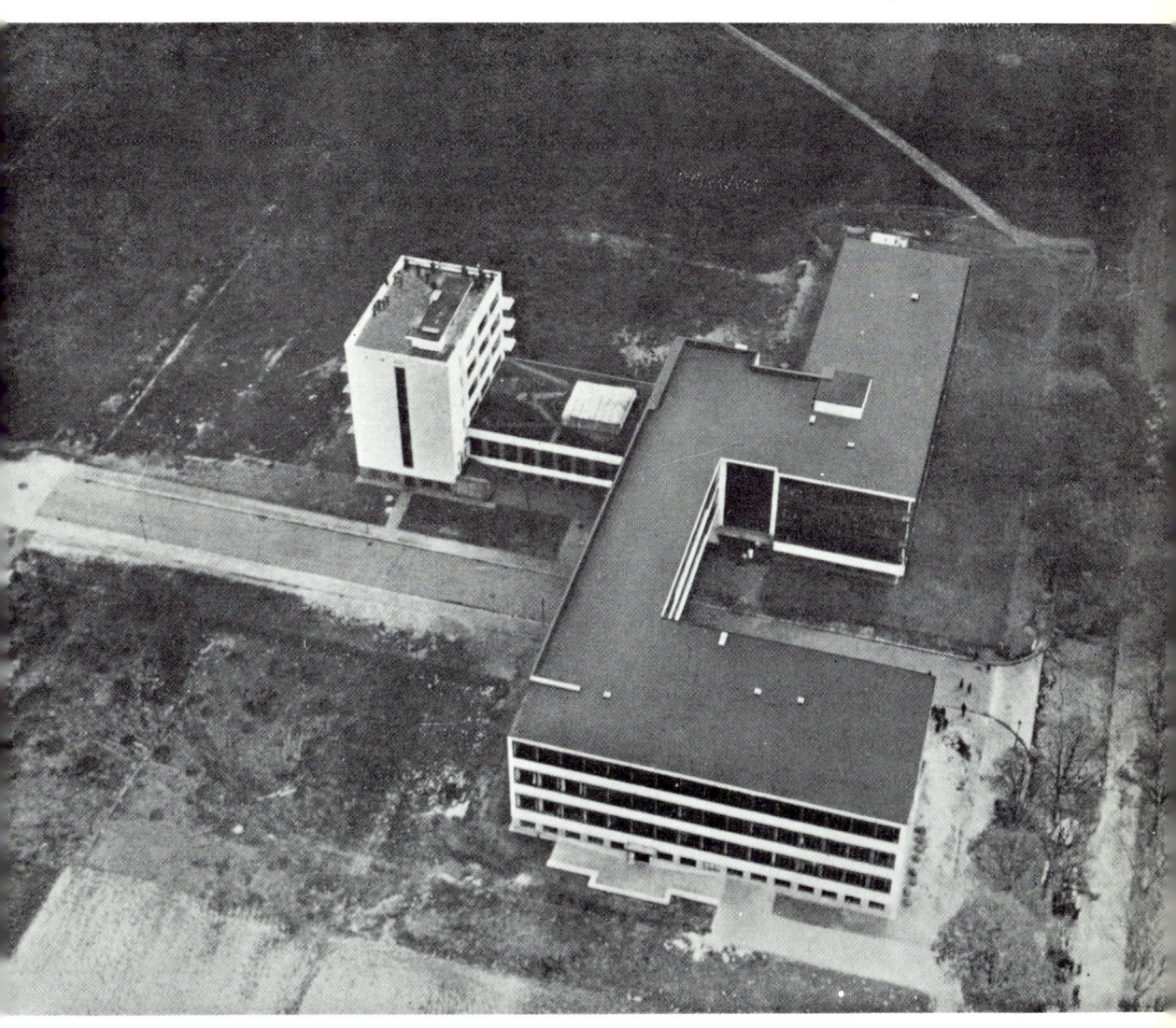

junkers-luftbild / dessau

abb. 3 bauhausgebäude
aus der vogelschau

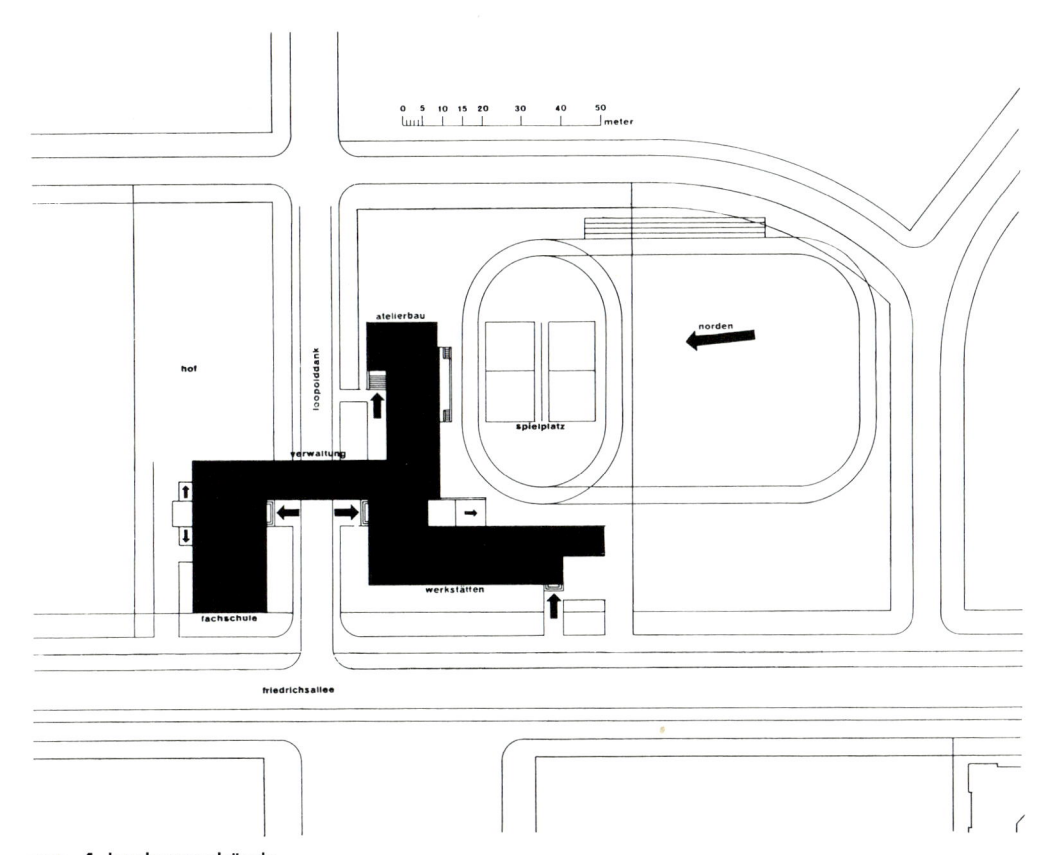

abb. 4 bauhausgebäude
lageplan der gesamtanlage

der typische bau der renaissance, des barock zeigt die symmetrische fassade, auf deren mittelachse der zuweg führt. das bild, das sich dem nahenden beschauer bietet, ist flächig, zweidimensional.
ein aus dem heutigen geist entstandener bau wendet sich von der repräsentativen erscheinungsform der symmetriefassade ab. man muß rund um diesen bau herumgehen, um seine körperlichkeit und die funktion seiner glieder zu erfassen.

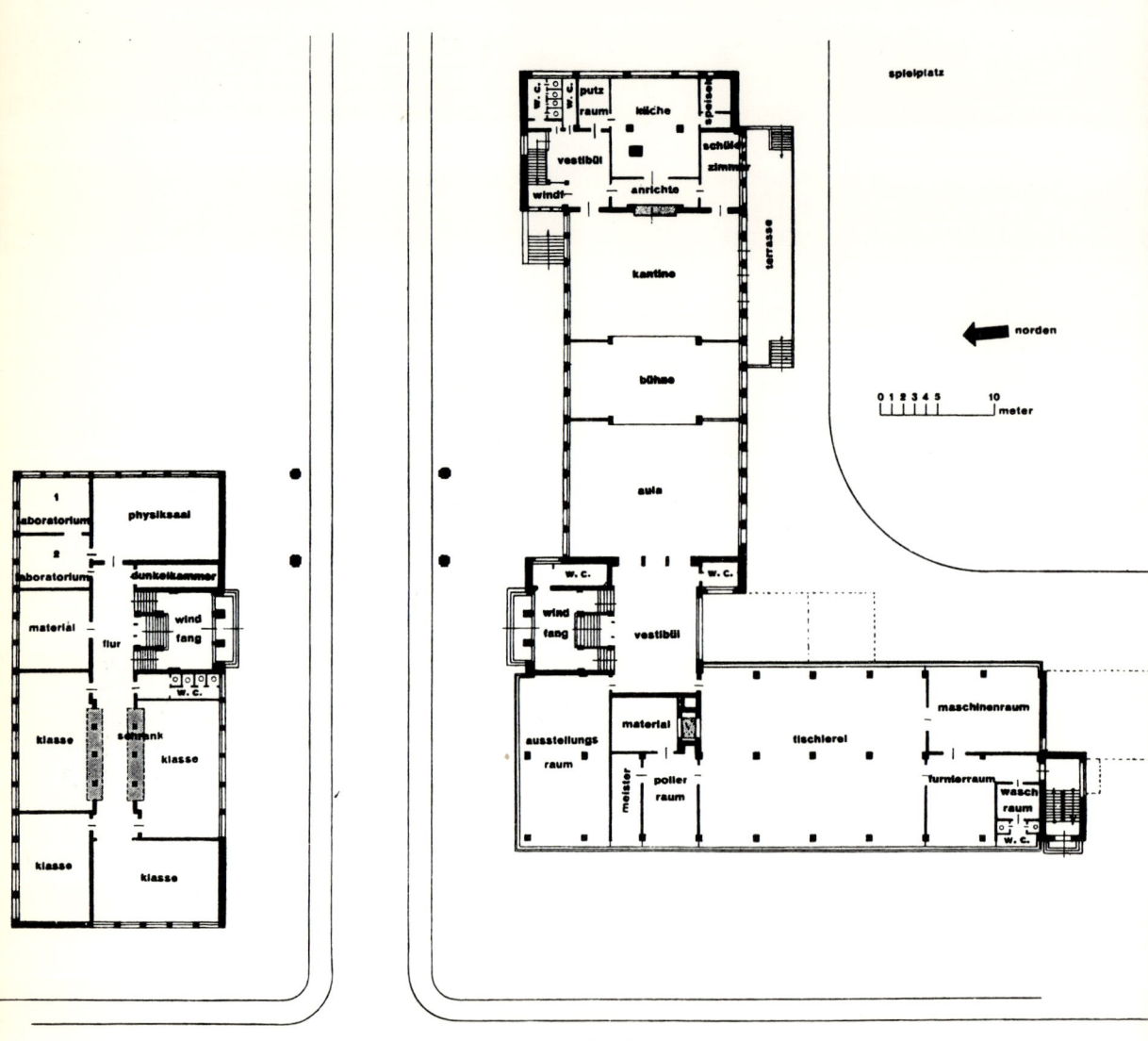

abb. 5 bauhausgebäude
grundriß des erdgeschosses

ziel für die organisation eines guten grundrisses:
richtige ausnutzung der sonnenlage,
kurze zeitsparende verkehrswege,
klare trennung der einzelnen abteilungen des organismus,
variationsmöglichkeit der raumfolgen für etwa notwendig werdende organisationsveränderungen mit hilfe sinnreicher achsenteilung.

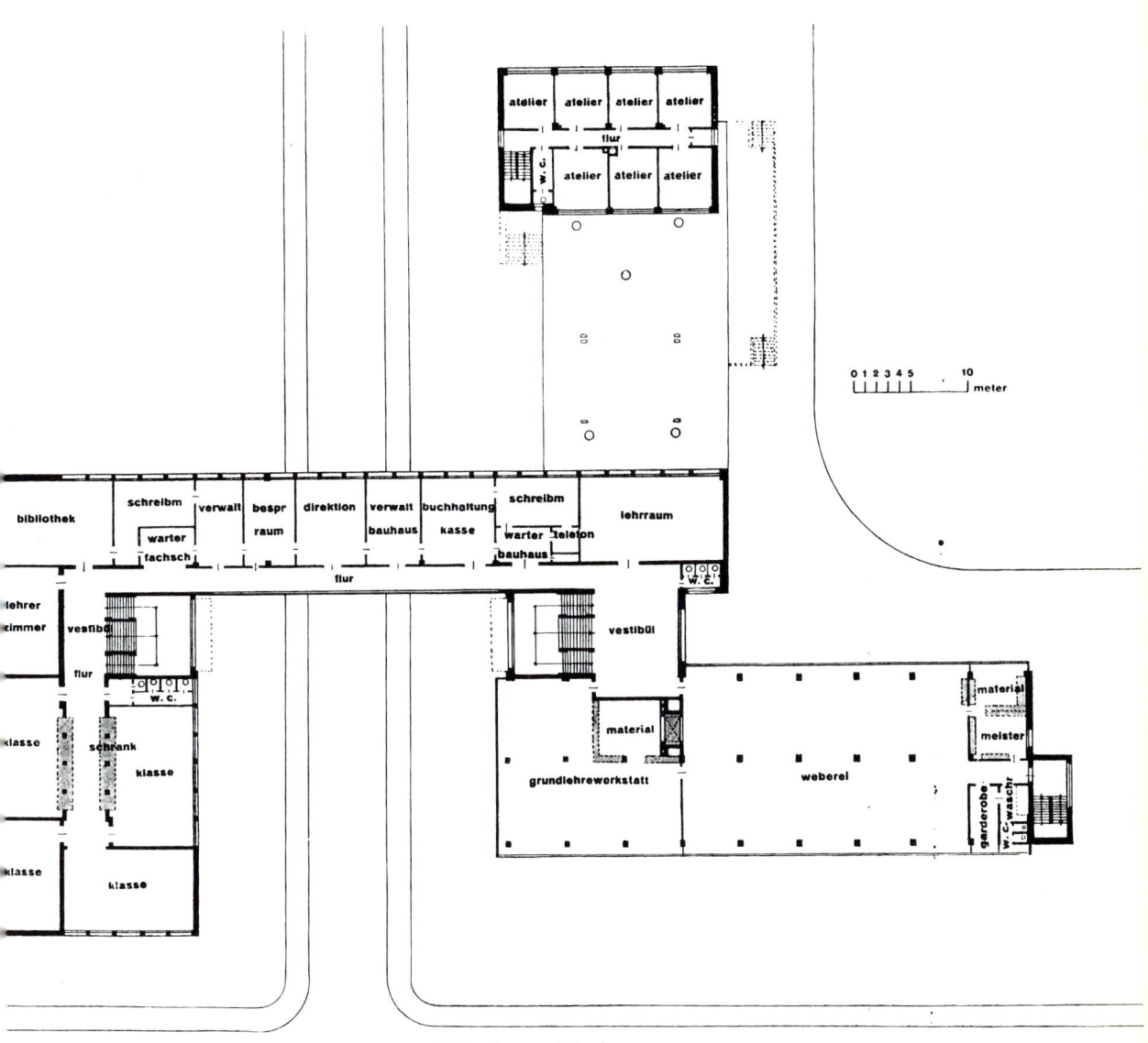

abb. 6 bauhausgebäude
grundriß des 1. stockes

abb. 7 bauhausgebäude im rohbau 1926
ostansicht

foto wedekind / dessau

abb. 8 bauhausgebäude im rohbau 1926
südostansicht

foto lucia moholy / berlin

material und konstruktion:

gestampfte betonfundamente.
traggerippe aus eisenbetonpfeilern mit dazwischen gespannten steineisendecken und teilweiser ziegelwandausfüllung.
der werkstattbau entbehrt an seinen längsseiten jedes mauerwerks, die funktion einer tragenden außenwand wird hier von den innenpfeilern aufgenommen. das die räume abschließende eiserne fensternetzwerk wird von den ausgekragten decken getragen. im kellergeschoß eine „pilzdecke" ohne unterzüge zur ersparnis an bauhöhe.
die begehbaren dachflächen auf dem atelierhaus sind mit verlöteten asfaltplatten auf wärmeisolierender torfoleumunterlage, die übrigen nicht begehbaren flachdächer mit kaltlack (awegit) auf jutegewebe über torfoleumauflage und abgleichbeton belegt.
die entwässerung erfolgt durchweg durch gußeiserne rohre, die im innern der gebäude heruntergeführt sind und die äußere zinkabfallrohre überhaupt entbehrlich machen.
die außenhaut des mauerwerks besteht aus wasserabweisendem glattem zementputz mit anstrich aus weißer keimscher mineralfarbe.

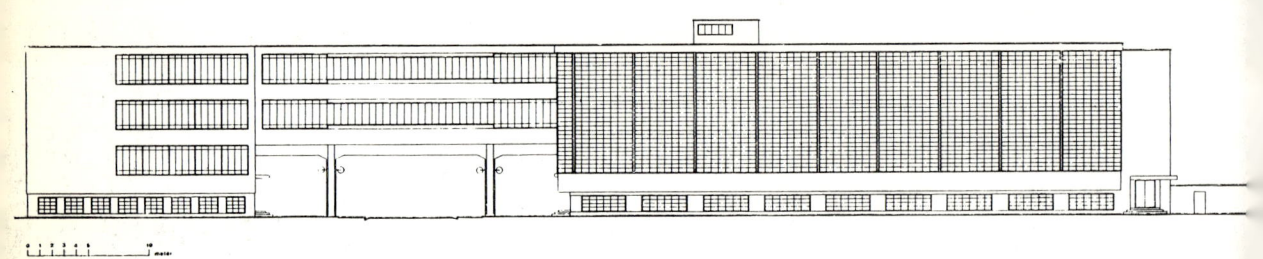

abb. 9 bauhausgebäude
westansicht

abb. 10 bauhausgebäude
nordwestansicht

foto lucia moholy / berlin

die außenwand des werkstattbaues ist ganz in fenstersprossen mit spiegelglasverglasung aufgelöst. die tragpfeiler stehen im innern hinter der glaswand. (siehe abb. 32 und 43)
die brückenartige überbauung der straße ergibt sich aus der gestellten aufgabe, zwei getrennte schulorganismen mit gesonderten eingängen (links „technische lehranstalten", rechts das eigentliche „bauhaus") zu bauen. die gemeinsamen verwaltungsräume sind beiderseits von innen zugänglich auf der brücke angeordnet.

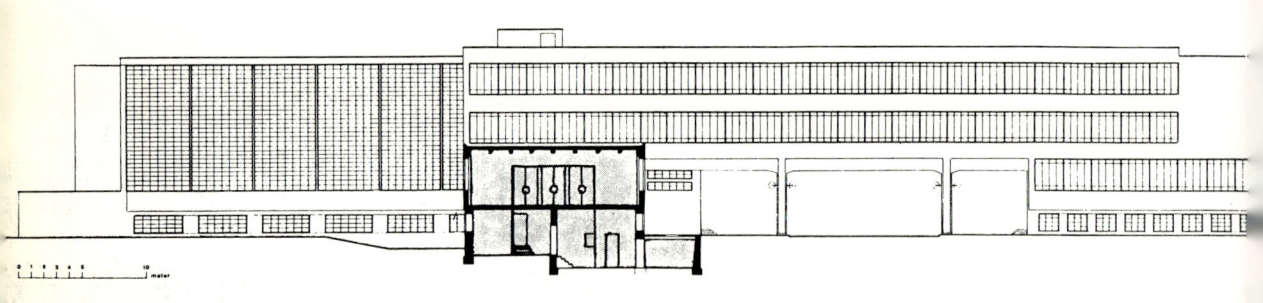

abb. 11 bauhausgebäude
ostansicht mit schnitt durch die aula

26

abb. 12 bauhausgebäude
nordostansicht

die tragenden pfeiler (siehe abb. 7) liegen hinter den verbindungseisen der fensterbänder aus stahlprofilen mit spiegelglasverglasung.

foto lucia moholy / berlin

links im bild, vom schulbau abgerückt, der wohnbau mit 28 ateliers für studierende; im niedrigen zwischenbau speisesaal, küche, bad und turnraum, bühne und vortragssaal.

foto lucia moholy / berlin

abb. 14 bauhausgebäude
brückenbau zwischen dem hauptgebäude und dem gebäude der „technischen lehranstalten" am tage der einweihung; rechts weiße, gelbe, rote und blaue flaggen
erster stock: verwaltungsräume
zweiter stock: architekturabteilung

foto photothek / berlin

abb. 13 bauhausgebäude
verbindungsgang des ersten stocks in der brücke

die tragenden brückenpfeiler (s. abb. 14) stehen unter der inneren wand (rechts im bild), das flurpodest ist ausgekragt. stahlfenster mit spiegelglasverglasung.

abb. 15 bauhausgebäude
ostwestschnitt (siehe abb. 16)

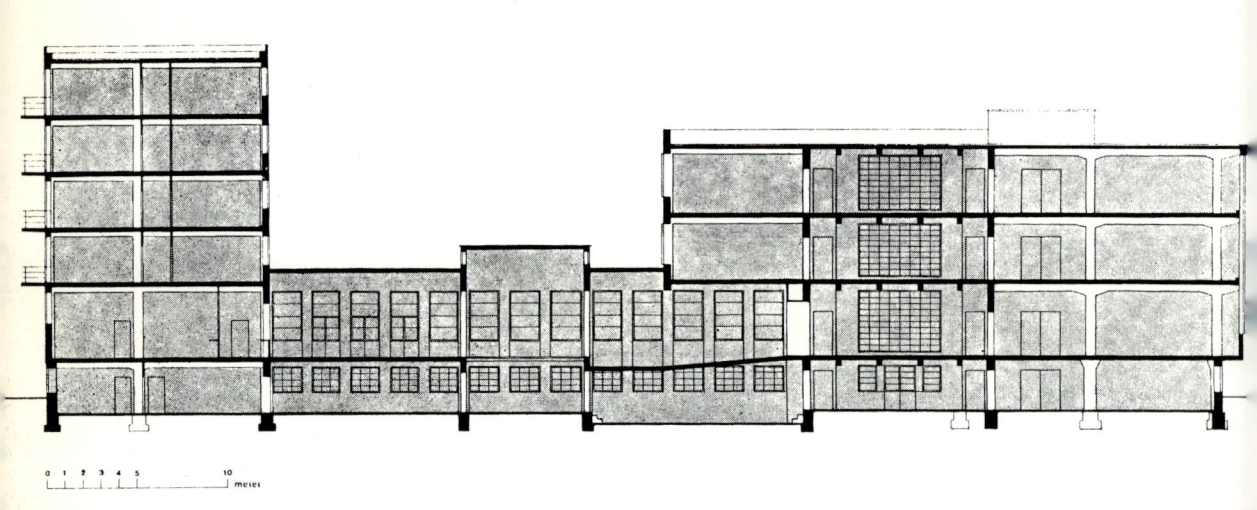

foto photothek / berlin

abb. 16 bauhausgebäude
nordansicht gegen atelierhaus, speisesaal mit bühne

abb. 17 bauhausgebäude   aus dem einweihungsfilm der „ufa" (dezember 1926)
nordwestansicht gegen die brücke

abb. 18 bauhausgebäude   aus dem einweihungsfilm der „ufa" (dezember 1926)
südostansicht

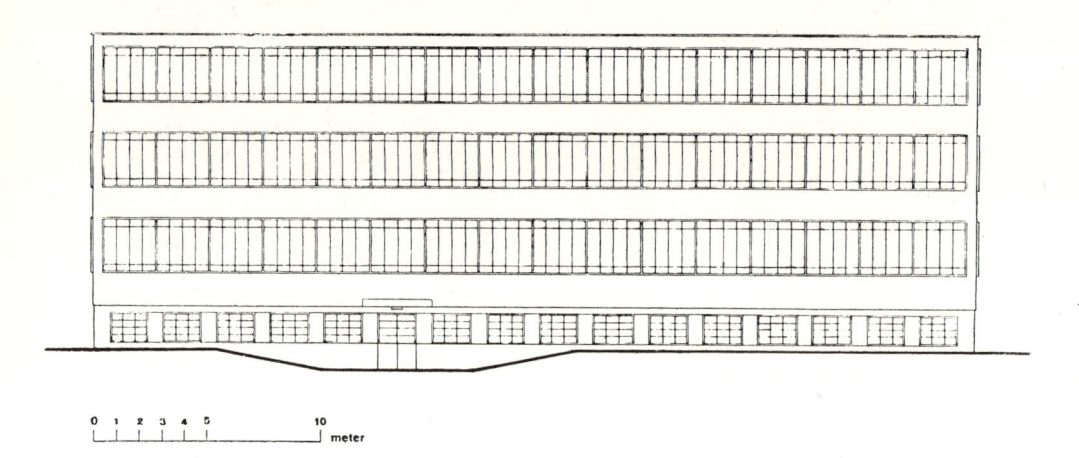

abb. 19 bauhausgebäude
nordansicht der ,,technischen lehranstalten'' (siehe abb. 20)

die tragenden betonpfeiler des bauskeletts stehen hinter den verbindungsstößen des vorgesetzten fensterbandes, also über den sichtbaren zwischenpfeilern der kellerfenster (siehe auch abb. 20).

die eisernen fenster mit oberen und unteren lüftungsklappen gewähren günstige be- und entlüftung der lehrsäle, ein fenstertyp, der seitdem in deutschland wiederholt anwendung fand. verglasung in poliertem spiegelglas.

abb. 20 bauhausgebäude
nordwestansicht der „technischen lehranstalten"

foto lucia moholy / berlin

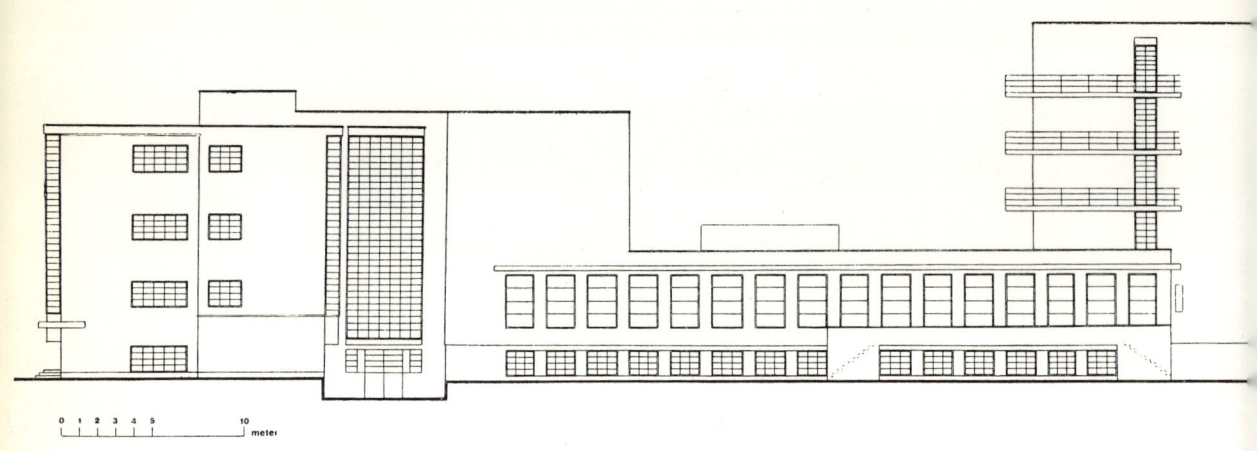

abb. 21 bauhausgebäude
südansicht (siehe abb. 22)

infolge der planmäßigen rationalisierungsmetoden steht die technische entwicklung im bauwesen heute mehr denn je unter dem einfluß des alten gesetzes: größte wirkung mit geringsten mitteln zu erreichen. die schnelle entwicklung der technischen mittel fördert die absicht der techniker, die baumassen aufzulockern, d. h. an masse, raum, gewicht und verkehrslast zu sparen.

abb. 22 bauhausgebäude
südansicht

foto hertig / bauhaus

in der gestaltenden werkwelt sind neue, industriell verarbeitete baustoffe in konkurrenz mit den alten naturbaustoffen getreten und beginnen sie zu überholen. diese neuen baumaterialien — eisen, beton, glas — haben es infolge ihrer festigkeit und molekularen dichtigkeit erst ermöglicht unter größter ersparnis an konstruktionsmasse, weitgespannte, lichtdurchflutete räume und gebäude zu erbauen, für deren konstruktionen baustoffe und technik der vergangenen zeiten nicht ausreichen. diese immer kühner werdenden, raumsparenden konstruktionen in eisen und beton, mit dem bewußten ziel, den tragkörper des baues durch raffinierte rechnung und qualitative höchststeigerung der materialfestigkeit räumlich immer mehr zu beschränken, führen konsequent zur sich immerfort steigernden vergrößerung der wand- und dachöffnungen, um das tageslicht ungehemmt in die gegen witterung abgeschlossenen räume dennoch einströmen zu lassen. die alten hauswandungen mit kleinen öffnungen innerhalb großer, undurchbrochener flächen und geschlossener dächer weichen dem umgekehrten prinzip ausgedehnter fensterflächen und dachöffnungen innerhalb schmaler rahmen von konstruktionspfeilern und -stützen von möglichst geringer ausdehnung.

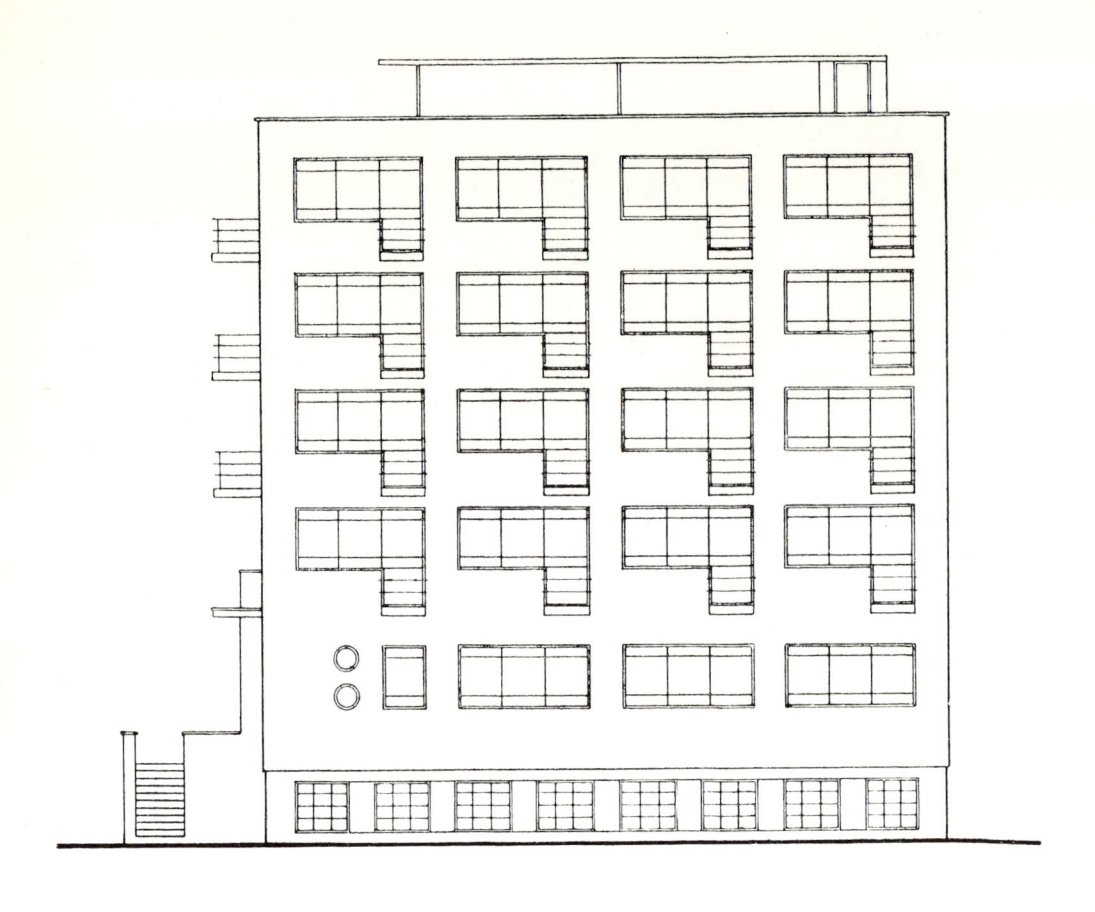

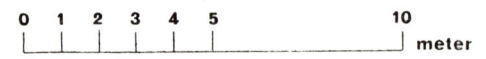

abb. 23 bauhausgebäude
ostansicht des atelierhauses

38

abb. 24 bauhausgebäude
ostansicht

foto wedekind dessau

die überlegung, daß menschen, die an einer gemeinschaftlichen aufgabe arbeiten, wie im bauhaus, die möglichkeit haben müssen, sich zeitweise ungestört außerhalb der gemeinschaft ganz auf sich selbst zurückziehen zu können, führte dazu, das ateliergebäude der studierenden vom übrigen betrieb abzurücken und jedem einzelnen atelier möglichste wohnruhe, ja auch jedem seinen eigenen kleinen balkon zu geben.

abb. 25 bauhausgebäude
südseite des atelierhauses / nachtaufnahme

foto lyonel feininger / dessau

abb. 26 bauhausgebäude
südostansicht des atelierhauses

jedes studierenden-atelier besteht aus einem 5,17/4,35 m (achsenmaß) großen raum, mit schlafnische, waschtisch mit fließendem wasser und zwei wandschränken. gemeinsame teeküche in jedem stock. speiseaufzug. (siehe abb. 59 u. 60)

foto consemüller / bauhaus

foto lyonel feininger, dessau

abb. 27 bauhausgebäude
balkons des atelierhauses / nachtaufnahme

abb. 28 bauhausgebäude
einzelbalkons des atelierhauses

foto wutke moskau

abb. 29 bauhausgebäude
eingang zum hauptbau und querglasfront des werkstattbaues

foto lucia moholy / berlin

foto lucia moholy   berlin

abb. 30 bauhausgebäude
blick vom brückenbau gegen atelierhaus, speisesaal und bühne

abb. 31 bauhausgebäude
nordwestansicht

foto lucia moholy / berlin

abb. 32 bauhausgebäude   foto lucia moholy / berlin
nordwestecke des werkstattbaues, links eingang zu den „technischen lehranstalten"

die ecke des werkstattbaues läßt das konstruktionsgerüst der betonpfeiler und massivdecken klar erkennen. zum erstenmal wurde hier das problem der auflösung der wand durch ausspannen einer durchgehenden glashaut vor das tragende bauskelett bis zur letzten konsequenz durchgeführt. die auskragung der decken über das kellergeschoß ergibt doppelte vorteile: die statisch günstige und daher ökonomische verkürzung der abstände von außenpfeilern zu mittelpfeilern im innern und die ausnutzbarkeit der gesamten glasfront auch vor den pfeilern für arbeitsplätze der werkstätten.
niedrige heizkörper vor der ganzen breite der glaswand. fenstervorhänge unter den decken entlang der gesamten glaswand gegen sonnenstrahlen.

abb. 33 bauhausgebäude
haupteingang

abb. 34 bauhausgebäude
teilansicht des werkstattbaus

foto lux feininger / bauhaus

in der entwicklung der modernen bauweise wird das glas als moderner baustoff gerade infolge der zunehmenden vergrößerung der öffnungen eine wesentliche rolle spielen. seine anwendung wird unbegrenzt sein und nicht auf das fenster beschränkt bleiben; denn seine edlen eigenschaften, seine durchsichtige klarheit, seine leichte, schwebende, wesenlose stofflichkeit verbürgen ihm die liebe der modernen baumeister.

49

abb. 35 bauhausgebäude
nebeneingang des haupttreppenhauses vom hof aus. links werkstattbau, rechts aula

foto lucia moholy / berlin

abb. 36 bauhausgebäude

foto lucia moholy / berlin

blick vom haupttreppenhausfenster mit ungeteilter spiegelglasscheibe auf den werkstattbau

abb. 37 bauhausgebäude
ecke des haupttreppenhauses mit dem werkstattbau

foto itting / bauhaus

foto atlantik / berlin

abb. 38 bauhausgebäude
blick vom podest des haupttreppenhauses im bau der „technischen lehranstalten". die lüftungsflügel sind gekuppelte drehfenster, die in jeder stellung stehen bleiben

foto lucia moholy / berlin

abb. 39 bauhausgebäude
dachgarten auf dem atelierhaus (gymnastikplatz der studierenden). die brüstung ringsherum ist als bank ausgebildet. bodenabdeckung aus verlöteten asfaltplatten

die erfolgreichen erfahrungen, die in den letzten 20 jahren mit der konstruktion begehbarer und nicht begehbarer horizontaldächer gemacht wurden, geben mir die überzeugung, daß der technisch fortgeschrittene mensch sich in der zukunft ausschließlich des horizontalen daches bedienen wird. denn seine vorteile gegenüber dem alten, schräg geneigten dach sind so zahlreiche, daß der endgültige sieg des flachen daches nur eine frage der zeit ist. die anwendung begehbarer, mit pflanzen bestandener dachgärten ist ein wirksames mittel, die natur in die steinwüste der großstadt einzubeziehen. die städte der zukunft werden mit ihren gärten auf terrassen und dächern — vom luftweg aus gesehen — den eindruck eines großen gartens geben. der durch den bau der häuser verlorene begrünbare boden wird auf den flachen dächern wiedergewonnen.

die weiteren vorzüge der flachen dächer sind: klare rechteckige dachräume anstelle der schwer ausnutzbaren toten winkel unter dem schrägdach; vermeidung hölzerner dachstühle, die so häufigen anlaß zu dachbränden bieten; benutzbarkeit der dachflächen zu zwecken der bewohnung (kinderspielplätze, wäschetrocknen); bessere an- und aufbaumöglichkeiten auf allen freistehenden seiten des kubischen baukörpers; keine windangriffsfläche, daher geringere reparaturbedürftigkeit (dachziegel, schiefer, schindeln); vermeidung von anschlüssen, rinnen und abfallrohren aus vergänglichem zinkblech.

abb. 40 bauhausgebäude
blick auf die terrasse
vor dem speisesaal

foto bayer

fotos:
abb. 41, 42, 44, 45, 47 lux feininger / bauhaus
abb. 43, 46 bayer / berlin

abb. 41—47 bauhausgebäude
leben im bauhaus

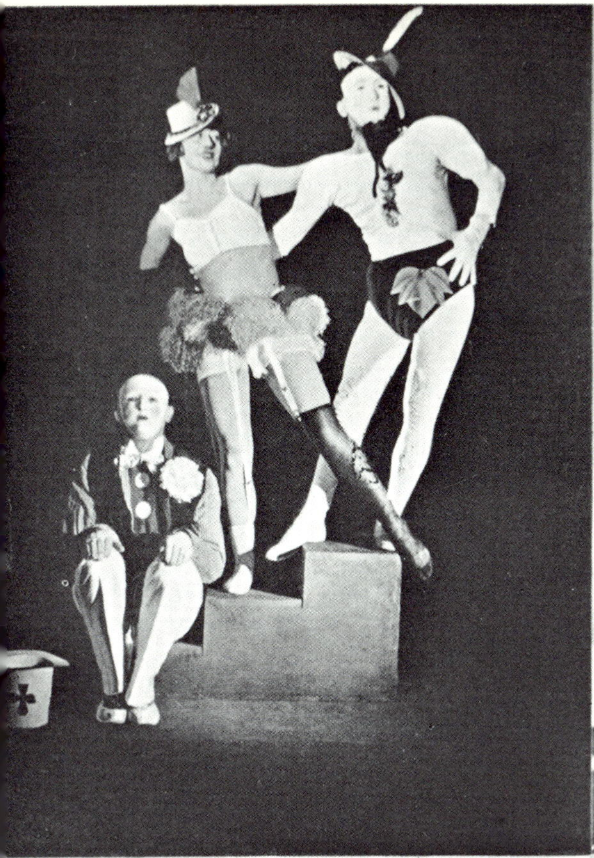

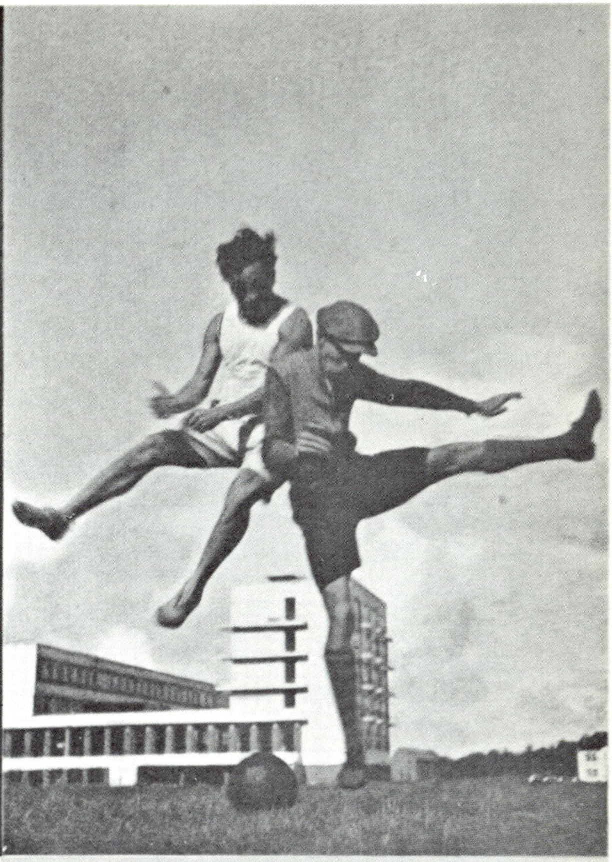

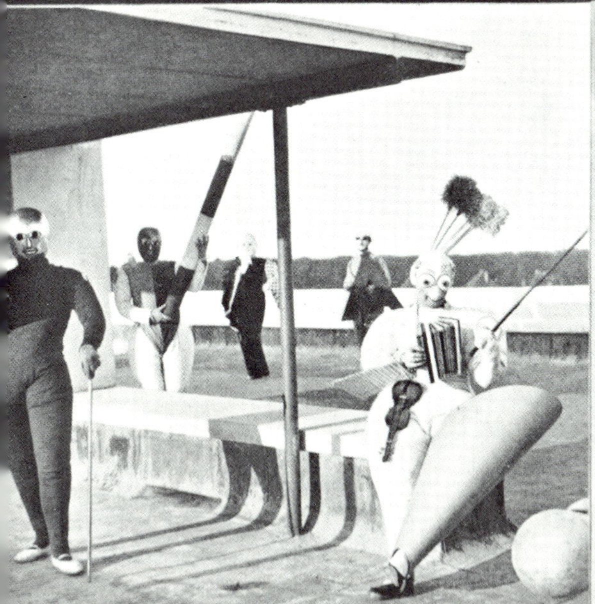

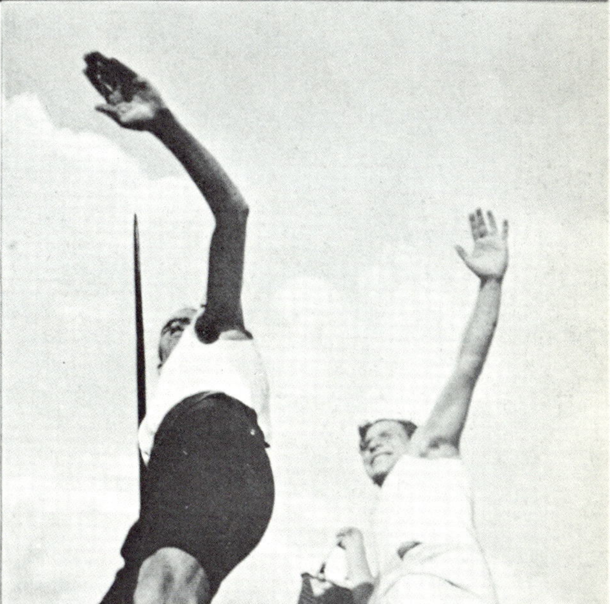

seit den weimarer bauhauszeiten hatte sich eine tradition der „bauhausfeste"
entwickelt: willkommene aufgaben, um die einfälle von meistern und studierenden improvisiert auszuführen, festräume, kostüme, aufführungen. diese feste
waren eins der stärksten mittel des freundschaftlichen zusammenhalts im bauhaus und wurden allen teilnehmern zu einem unvergeßlichen erlebnis.

abb. 48 bauhausgebäude
nordostansicht bei nacht, bauhausfest am tage der einweihung des gebäudes im beisein
von mehreren tausend gästen aus dem in- und ausland

abb. 49 bauhausgebäude
nordwestansicht bei nacht. die nachtbeleuchtung läßt das konstruktive gerüst des baues besonders gut erkennen

abb. 50 bauhausgebäude
eisernes fenster eines werkstattraumes. pfeiler hinter der glasaußenhaut, daher geringere pfeilerstützweiten und ausgekragte decken. radiatoren längs der glaswand. gekuppelte fensterdrehflügel

bauhausfoto

abb. 52 bauhausgebäude
fenster der badeanstalt im sockelgeschoß

abb. 51 bauhausgebäude
eisernes fenster der aula und des speisesaals. das rad rechts unten bedient gleichzeitig drei bis vier fenster mit je vier gekuppelten kippflügeln

fotos consemüller / bauhaus

foto consemüller / bauhaus

abb. 53 bauhausgebäude
flur und treppenhaus der „technischen lehranstalten" (siehe grundriß abb. 6)

ökonomische lösung eines zweiseitig bebauten schulflurs. belichtung der längsflurwände durch gegen schallwirkung doppelt verglaste oberlichter über den reißbrettschränken. querlüftung durch die gegenüberliegenden klassen und durch die fenster des treppenhauses.

abb. 54 bauhausgebäude
haupttreppenhaus
stufen und brüstungsauflagen aus weißen und schwarzen terrazzo-platten

foto consemüller / bauhaus

foto consemüller / bauhaus

abb. 55 bauhausgebäude
eingangsvestibül mit den drei türen zur aula
beleuchtungskörper und farbige gestaltung:
moholy-nagy mit den werkstätten des bauhauses

abb. 56 bauhausgebäude foto consemüller / bauhaus
aula
stahlrohrgestühl: marcel breuer
beleuchtung: metallwerkstatt des bauhauses (moholy-nagy)
farbige gestaltung: wandmalerei-abteilung des bauhauses (scheper)

die aula mit anschließender bühne, deren rückwand sich auch nach dem speisesaal öffnen läßt, dient für versammlungen, vorträge und bühnenaufführungen. diffuse, nicht blendende beleuchtung mit röhrenlampen. oben rechts im bild schlitz für film- und projektionsapparate.

abb. 57 bauhausgebäude
lehrerzimmer der „technischen lehranstalten" mit kleiderschränken für die lehrer und schränken für aufbewahrung von zeichnungen
farbige gestaltung: wandmalerei-abteilung des bauhauses (scheper)

foto consemüller / bauhaus

abb. 58 bauhausgebäude
arbeitszimmer des direktors. hier fanden die gemeinsamen sitzungen des meisterrats mit der studierenden-vertretung statt
farbige gestaltung: wandmalerei-abteilung des bauhauses (scheper)

foto consemüller / bauhaus

gesunde, gut belichtete arbeitsplätze steigern die leistung!

abb. 59 bauhausgebäude
  weberei-werkstatt, webstühle und spulmaschine. dachentwässerung an den inneren pfeilern. unverputzte geweißte decken
  gesunde, gut belichtete arbeitsplätze steigern die leistung!

68

abb. 61 bauhausgebäude
metallwerkstatt, drückbank und schleifmaschine

bauhausfotos

abb. 60 bauhausgebäude
metallwerkstatt, bohrmaschine

69

abb. 62 bauhausgebäude
metallwerkstatt, arbeitsplätze

foto m. brandt / bauhaus

foto m. brandt / bauhaus

die heutige trennung der nachwuchsschulung für handwerk einerseits und industrie andererseits ist unlogisch und überaltert. die alte manuelle handwerkslehre bedarf vielmehr der ergänzung durch eine technische lehre, die jedem lehrling die grundlagen und zusammenhänge der modernen werkmetoden der industrie übermittelt.

abb. 63 bauhausgebäude
metallwerkstatt, im vordergrund drückbank-futter und teile für beleuchtungskörper

bauhausfoto

abb. 64 bauhausgebäude
tischlereiwerkstatt

bauhausfoto

abb. 65 bauhausgebäude
wandmalerei-werkstatt. an der wand systematische versuche verschiedener farbtechniken auf putzgrund

abb. 66 bauhausgebäude
werk- und zeichensaal der vorlehre

foto peterhans / bauhaus

foto peterhans / bauhaus

abb. 67 bauhausgebäude
zeichensaal

zeichensaal der architekturabteilung, links trennwand zum flur aus schränken für zeichnungen und baumaterialmuster. gleichmäßige belichtung der arbeitsplätze durch fortlaufendes fensterband.

abb. 68 bauhausgebäude
speiseausgabe im speisesaal, im hintergrund die kippflügel der eisernen fenster sichtbar

bauhausfoto

foto consemüller / bauhaus

der bauende mensch muß über technisches können hinaus die besonderen gestaltungsfragen des raums kennen. deren mittel entspringen den natürlichen fysiologischen tatsachen des genus mensch; sie sind den sekundären forderungen der rasse, der nation, des individuums übergeordnet.

abb. 69 bauhausgebäude
speisesaal
im hintergrund weiße und schwarze harmonikatüren zur bühne
möbel: tischlerei des bauhauses (m. breuer)
beleuchtung: metallwerkstatt des bauhauses (moholy-nagy)
farbige gestaltung: wandmalerei des bauhauses (h. scheper)

77

abb. 70 bauhausgebäude
teeküche im atelierhaus in jedem stock für je 7 ateliers, davor gemeinsamer balkon

foto peterhans / bauhaus

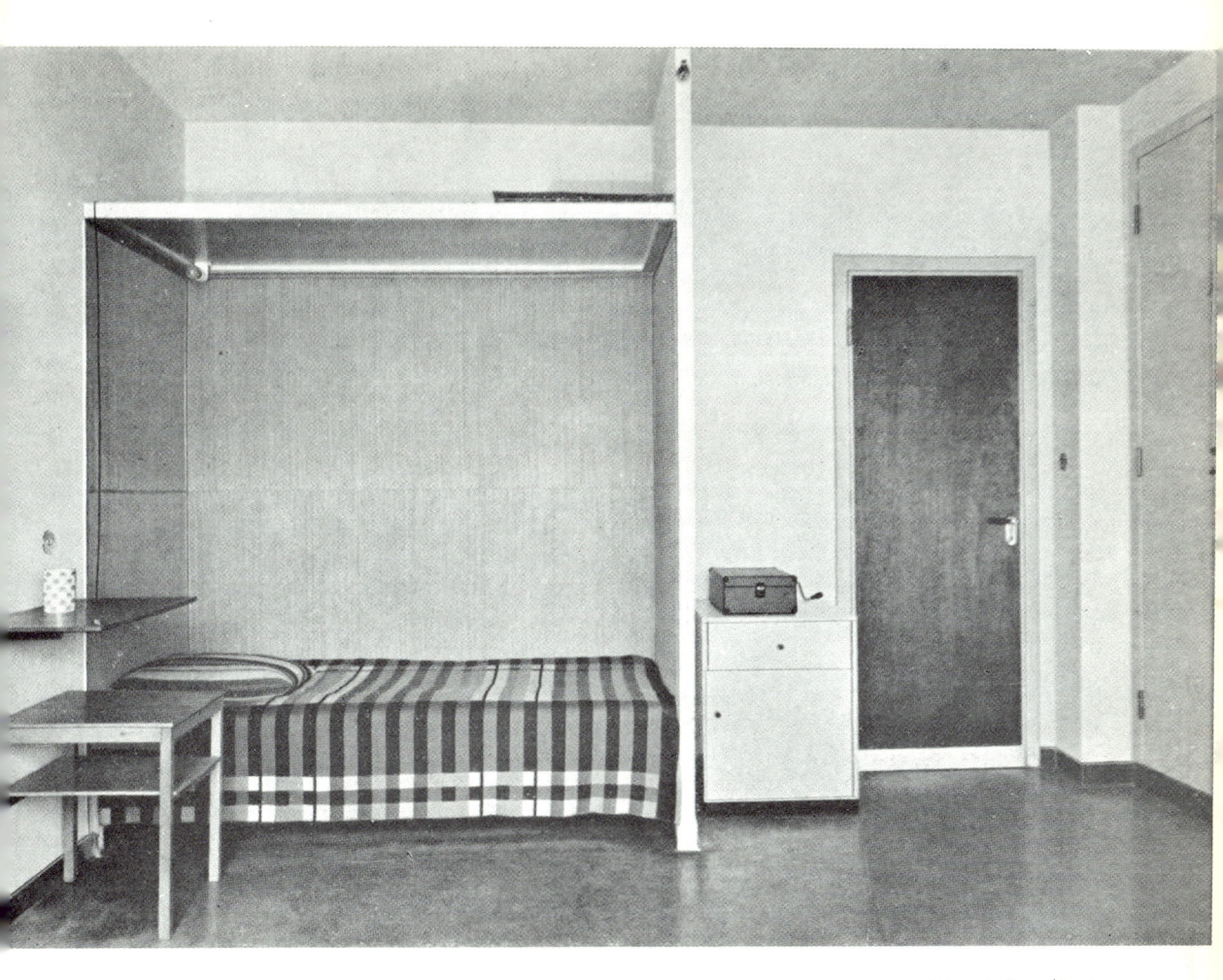

foto peterhans / bauhaus

abb. 71 bauhausgebäude
studierendenatelier im atelierhaus mit bettnische, 2 wandschränken, waschtisch mit fließend kaltem und warmem wasser, arbeitstisch und stuhl

abb. 72 bauhausgebäude
waschraum im werkstattbau

foto consemüller / bauhaus

abb. 73 bauhausgebäude
   telefon, drehbar, zwischen zwei werkstatträumen

foto consemüller / bauhaus

abb. 74 bauhausgebäude
   beleuchtungskörper der lehrräume:
   metallwerkstatt des bauhauses

foto lucia moholy   berlin

der wulst der glasglocke für halbindirekte beleuchtung ergibt sich aus der glastechnischen metode, das milchglas (unten) mit dem mattglas (oben) exakt zu verschweißen. „aus der naht eine tugend machen!" (schinkel).

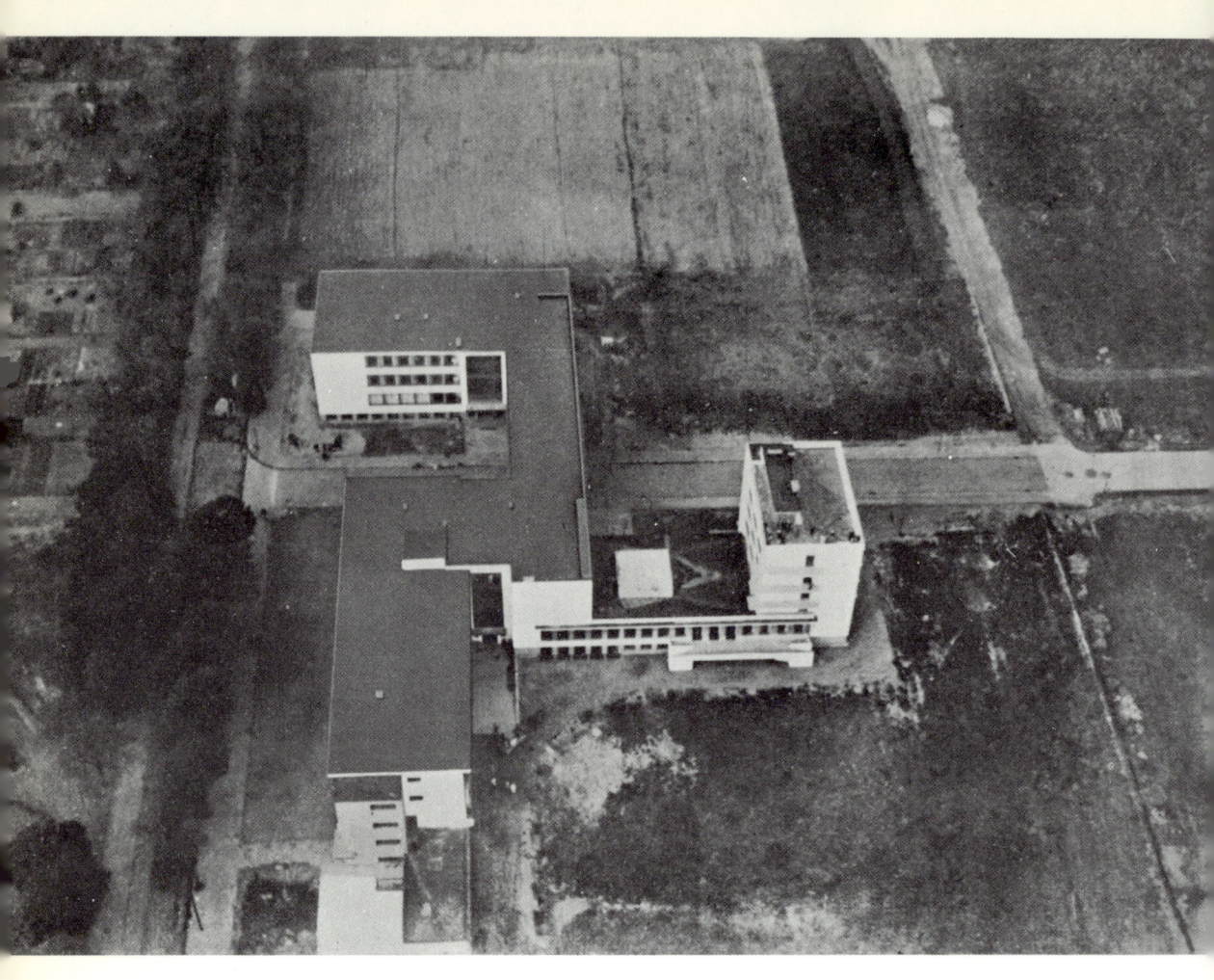

luftbild r. petschow / berlin

abb. 75 bauhausgebäude
aus der vogelschau

das große publikum interessiert sich aus naheliegenden gründen in erster linie für die äußere erscheinungsform der bauten. die natürliche trägheit des menschen verhinderte eine schnelle umstellung der öffentlichen anschauung gegenüber den veränderten neuen formen. die geschichte der technik zeigt, daß sich neue technische erfindungen zunächst hinter dem imitativ übernommenen kleid der vergangenheit verstecken. die ersten automobile sahen der postkutsche ähnlich! aber allmählich hat sich der heutige mensch infolge der rapiden entwicklung der technik daran gewöhnt, neue, logisch entwickelte erscheinungsformen schneller anzunehmen. die moderne baukunst hat hand in hand mit der technik ein charakteristisches gesicht entwickelt, das von dem der alten handwerklichen baukunst erheblich abweicht. seine typischen kennzeichen sind klare, aller unnötigen zutaten bare, wohl proportionierte züge, wie sie auch den modernen ingenieurmäßigen produkten der maschine eigen sind, unbeschwert von einer alten vorstellungswelt, die andere technische voraussetzungen hatte. den schöpferisch arbeitenden architekten interessiert es in erster linie, neue funktionen aufzudecken und sie technisch und gestalterisch zu bewältigen. entscheidend für die beurteilung eines bauwerks bleibt die feststellung, ob der architekt und ingenieur mit einem geringsten aufwand an zeit und material ein instrument geschaffen hat, das funktioniert, d. h. das dem geforderten lebenszweck vollendet dient, wobei diesem lebenszweck sowohl seelische wie materielle forderungen zugrunde liegen können.

wohnungen der bauhausmeister
erbaut in dessau 1925/1926
architekt: walter gropius

die wohnungen der bauhausmeister

wurden im sommer 1925 im auftrage der stadt dessau begonnen und nach einem jahre bauzeit bezogen. das einzelhaus enthält 1908 cbm, die drei doppelhäuser je 2507 cbm umbauten raumes. das einzelhaus kostete 61860 rm, oder 32,4 rm pro cbm, die doppelhäuser kosteten je 81500 rm, oder 32,5 rm pro cbm einschließlich sämtlicher nebenkosten.

die vier gebäude —

ein einzelhaus und drei doppelhäuser — stehen in lockerem kiefernbestand bei je 20 m abstand voneinander in ostwest gerichteter reihe auf glatter rasenfläche hinter zaunloses vorgelände zurückgezogen. die hausreihe wird am einzelhaus durch garagenbau und gartenmauer an der straßengrenze flankiert.

das baumaterial:

gestampfte betonfundamente. wände: jurko-steine aus schlacke, sand und zement in platten mittlerer größe, die ein mann versetzen kann. armierte betonstürze. steineisendecken zum teil als terrassen ausgekragt. sämtliche fenster in kristallspiegelglas verglast. einzelzentralheizungen in jeder hauseinheit. nicht begehbare flachdächer: kiespreßdach; begehbare dachflächen: kunststeinplatten über kiespreßdach.

das einzelhaus:

kellergeschoß mit dreiräumiger wohnung für den hauswart der siedlung (garten- und heizungsdienst), heiz- und vorratskeller. das erdgeschoß ist wohnebene, kombiniertes wohn- und eßzimmer, zwei schlafzimmer, küche, bad. das obergeschoß enthält nur gastzimmer, mädchenraum, elektrisch installierten wasch- und bügelraum und abstellkammer. schränke und regale aller räume sind feste bauteile, sie liegen in der wand oder bilden die wand. festlegung klarer hauswirtschaftlicher arbeitsvorgänge, vermeidung von leerlauf und unruhe. dachgartenterrassen und garten sind in den wohnorganismus einbezogen.

die doppelhäuser:
alle sechs wohnungen in den drei doppelhäusern sind gleich bis ins detail und dennoch verschieden in der wirkung. vereinfachung durch multiplizierung bedeutet verbilligung und beschleunigung. der grundriß der einen der beiden wohnungen ist der verschränkte, um 90 grad von ost nach süd gedrehte spiegelbild des grundrisses der anderen. genau die gleichen bauteile sind verwendet, die ansicht beider hälften aber durch die verschränkung verschieden. die höhendifferenz zwischen atelier und wohnräumen verstärkt diesen eindruck. atelier, treppenhaus, küche, speisekammer und w. c. liegen nach norden, der direkten strahlung abgewandt; wohn-, speise-, schlaf- und kinderzimmer mit garten, terrassen, balkons und dachgärten liegen nach der sonne. die wirtschafts-, wohn- und speiseräume liegen im erdgeschoß, die schlafräume und ateliers im obergeschoß.

die von der wandmalereiabteilung des bauhauses durchgeführte farbige gestaltung betont die räumliche organisation innerhalb der wohnungen, bringt aber gleichzeitig starke variation in die wirkung an sich gleicher räume.
möbel: bauhaustischlerei (m. breuer), beleuchtungskörper: metallwerkstatt des bauhauses (moholy-nagy).

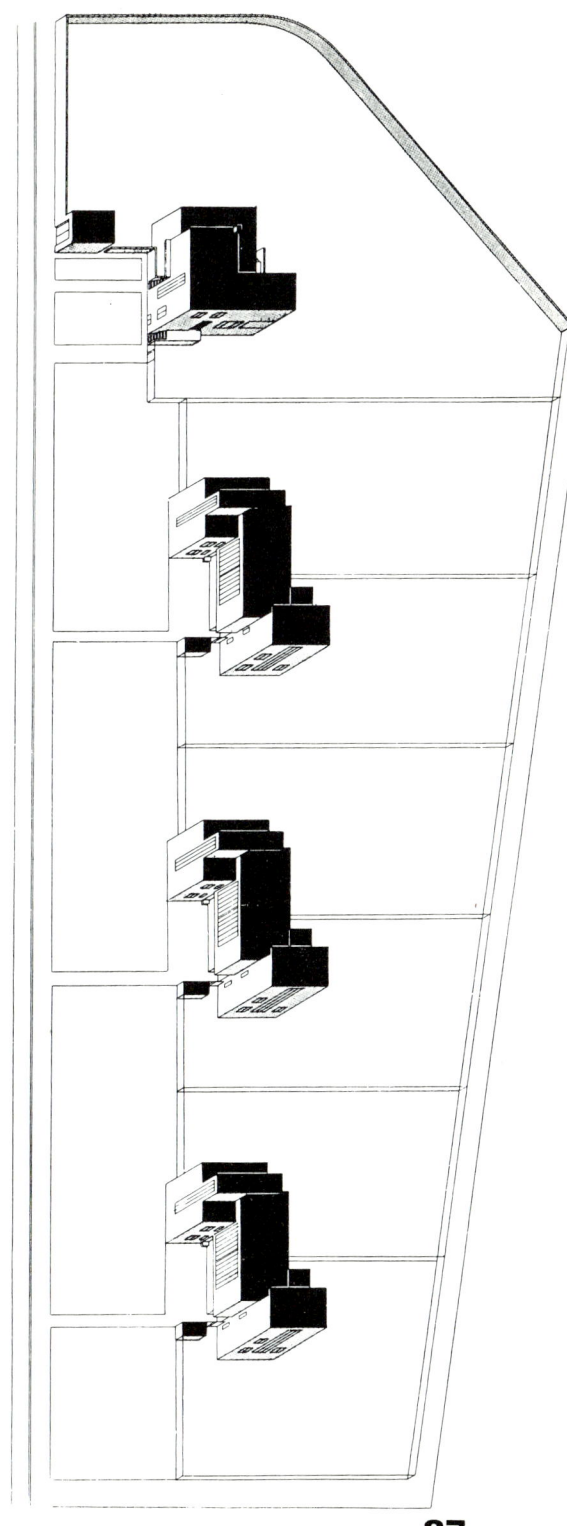

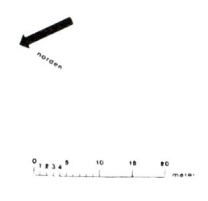

abb. 76 wohnungen der bauhausmeister
lageplan der sieben einfamilienwohnungen
ein einzelhaus, ohne atelier, drei doppelhäuser mit je zwei ateliers

foto lucia moholy / berlin

abb. 77 wohnungen der bauhausmeister
straßen- (nordwest-) ansicht eines doppelhauses

das einweben von baum- und pflanzenwuchs zwischen die baukörper, der den blick öffnet und schließt, sichert wohltuenden kontrast, lockert und verlebendigt das schema, vermittelt zwischen bauwerk und mensch und schafft spannungen und maßstab.
denn architektur erschöpft sich nicht in zweckerfüllung, es sei denn, daß wir unsere psychischen bedürfnisse nach harmonischem raum, nach wohlklang und maß der glieder, die den raum erst lebendig wahrnehmbar machen, als zwecke höherer ordnung betrachten.

abb. 78 wohnungen der bauhausmeister
garten- (ost-) ansicht des einzelhauses gropius

foto lucia moholy / berlin

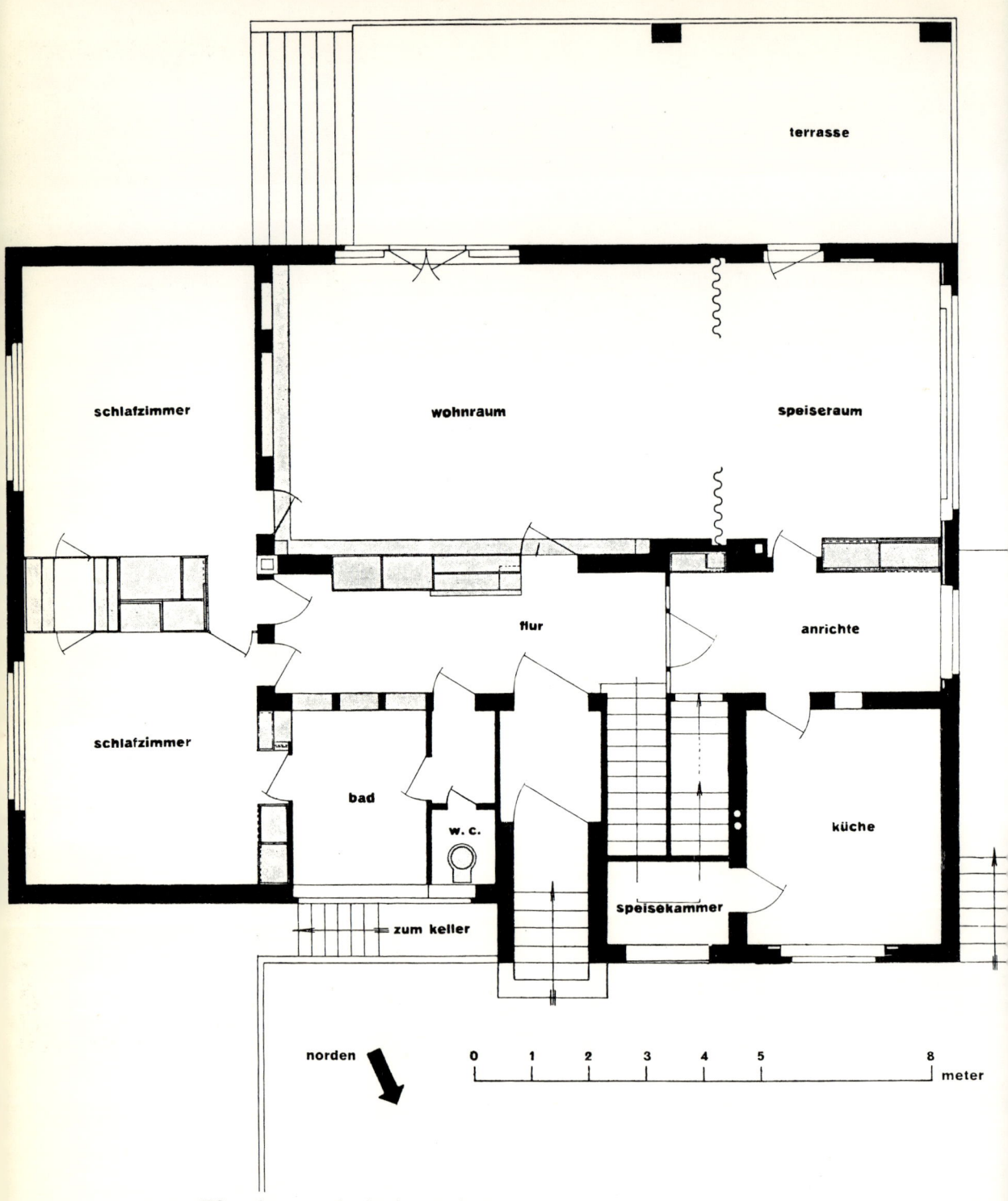

abb. 79 wohnungen der bauhausmeister
erdgeschoßgrundriß des einzelhauses gropius. im sockelgeschoß wohnung für den hauswart der siedlung (heizung, garten)

abb. 80 wohnungen der bauhausmeister
obergeschoßgrundriß des einzelhauses gropius

bauen bedeutet gestalten von lebensvorgängen. der organismus eines hauses ergibt sich aus dem ablauf der vorgänge, die sich in ihm abspielen. in einem wohnhaus sind es die funktionen des wohnens, schlafens, badens, kochens, essens, die dem gesamten hausgebilde zwangsläufig die gestalt verleihen. in bahnhöfen, fabriken, kirchen sind die vorgänge andere, aber aus ihnen allein resultiert die wahrhaftige form. die baugestalt ist nicht um ihrer selbst willen da, sie entspringt allein aus dem wesen des baus, aus seiner funktion, die er erfüllen soll.

abb. 81 wohnungen der bauhausmeister
straßen- (nord-) ansicht des einzelhauses gropius mit haupteingang

foto lucia moholy / berlin

foto ise gropius

abb. 82 wohnungen der bauhausmeister
westansicht des einzelhauses gropius mit nebeneingang

abb. 83 wohnungen der bauhausmeister
nordostansicht des einzelhauses gropius mit garage (rechts)

foto lucia moholy / berlin

foto lucia moholy / berlin

abb. 84 wohnungen der bauhausmeister
westansicht des einzelhauses gropius mit nebeneingang

abb. 85 wohnungen der bauhausmeister
südansicht des einzelhauses gropius mit unterer und oberer terrasse

foto ise gropius

foto ise gropius

abb. 86 wohnungen der bauhausmeister
südostansicht des einzelhauses gropius mit blick auf ein doppelhaus
im erdgeschoß gedeckter terrassenplatz vor dem eßzimmer und treppe zum garten. im
obergeschoß luft- und sonnenbad mit orangefarbenen vorhängen

abb. 87 wohnungen der bauhausmeister
windfang des haupteingangs im einzelhaus gropius

foto lucia moholy / berlin

humboldt-film / berlin

abb. 88 wohnungen der bauhausmeister
garderobeeinbauten im vestibül des einzelhauses gropius

für die bestimmung der größenverhältnisse und höhen der verschiedenen möbel sind die natürlichen maße des menschlichen körpers, seine natürlichen bewegungen und funktionen maßgebend. unser leben ist heute ein anderes als das unserer vorfahren, unsere gesellschafts- und familienverhältnisse haben sich gewandelt. die stellung der heutigen frau im erwerbsleben, die verminderte seßhaftigkeit und die knapperen wohnverhältnisse stellen bestimmte forderungen, die erfüllung heischen. wir haben keine zeit dafür, aus falscher sentimentalität vergangene gesellschaftsformen und lebensweisen nachzuahmen, die für ganz andere voraussetzungen geschaffen wurden. unsere großeltern brauchten andere möbel als wir im zeitalter der autos und eisenbahnen. nicht wir sind um der möbel willen da, wie es vielfach heute den anschein hat, sondern umgekehrt.

abb. 89 wohnungen der bauhausmeister
doppel-wohn- und eßzimmer im einzelhaus gropius
beleuchtungskörper: metallwerkstatt des bauhauses
farbige gestaltung: m. breuer und wandmalerei des bauhauses
möbel: marcel breuer

foto lucia moholy / berlin

foto lucia moholy / berlin

reibungsloses, sinnvolles funktionieren des täglichen lebens ist kein endziel, sondern bildet nur die voraussetzung, um zu einem maximum an persönlicher freiheit und unabhängigkeit zu gelangen. die standardisierung der praktischen lebensvorgänge bedeutet daher keine neue versklavung und mechanisierung des individuums, sondern befreit das leben von unnötigem ballast, um es desto ungehemmter und reicher sich entfalten zu lassen.

abb. 90 wohnungen der bauhausmeister
eßzimmer im einzelhaus gropius mit geschirrschrank und durchreiche zur spüle
sonnenschutz: springrollo
farbige gestaltung: m. breuer und wandmalereiabteilung des bauhauses
wandschrank: w. gropius und m. breuer

abb. 91 wohnungen der bauhausmeister
eßzimmer im einzelhaus gropius mit geschirrschrank
farbige gestaltung: m. breuer und wandmalereiabteilung
stahlmöbel: marcel breuer
die auflösung der tragenden wände in pfeiler ermöglicht die ausnutzung der wandstärke durch eingebaute wandschränke

foto agfa , berlin

humboldt-film / berlin

abb. 92 wohnungen der bauhausmeister
boswik-gitter vor dem großen eßzimmerfenster im einzelhaus gropius

foto stone / berlin

abb. 93 wohnungen der bauhausmeister
doppelschreibtisch im wohnzimmer des einzelhauses gropius (marcel breuer)

abb. 94 wohnungen der bauhausmeister
vertikalregistratur im doppelschreibtisch des einzelhauses gropius

ein übersichtlich geordnetes hausarchiv ermöglicht der hausfrau eine rasche orientierung in allen fragen des haushalts.

humboldt-film / berlin

foto lucia moholy / berlin

abb. 95 wohnungen der bauhausmeister
schreibtischklapplampe am doppelschreibtisch des einzelhauses gropius (metallwerkstatt des bauhauses, m. brandt)

foto lucia moholy / berlin

abb. 96 wohnungen der bauhausmeister

bildnische mit wechselrahmen für bilder, grafiken oder fotos.
darunter besteckschrank mit aufklappbarem serviertisch im eßzimmer des einzelhauses.

foto lucia moholy / berlin

abb. 97 wohnungen der bauhausmeister
tee-ecke im wohnzimmer des einzelhauses gropius
warm- und kaltwasser-zu-und-abfluß
steckkontakte für elektrische geräte

foto lucia moholy berlin

abb. 98 wohnungen der bauhausmeister
nähschrank und bibliotek (marcel breuer) im wohnzimmer des einzelhauses gropius

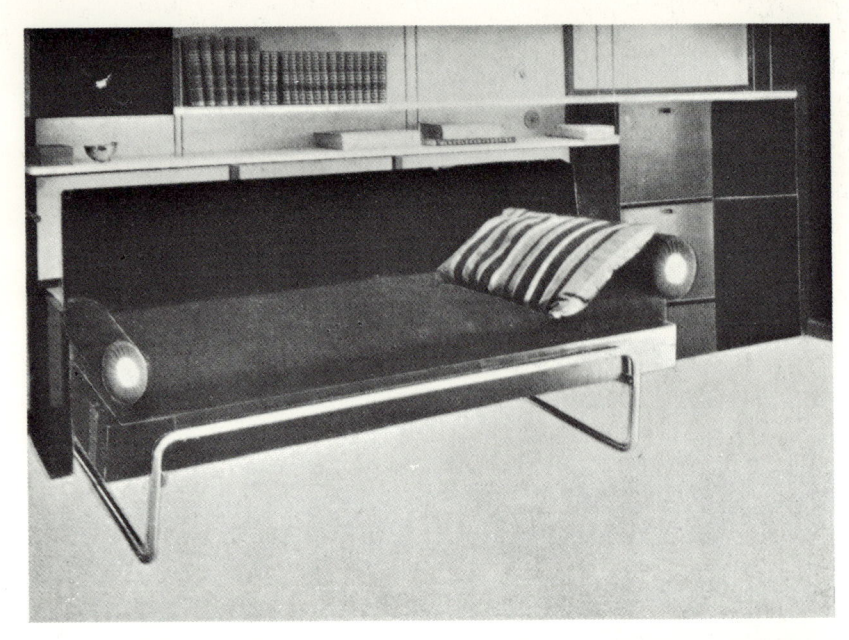

foto lucia moholy / berlin

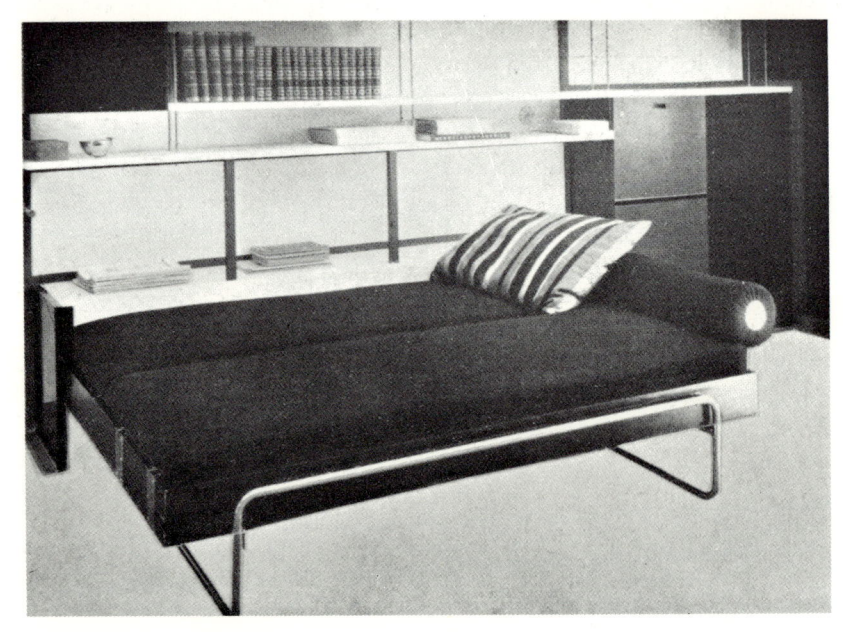

abb. 99/100 wohnungen der bauhausmeister
zusammenschiebbares doppelsofa (w. gropius und m. breuer) im wohnzimmer des einzelhauses gropius

humboldt-film / berlin

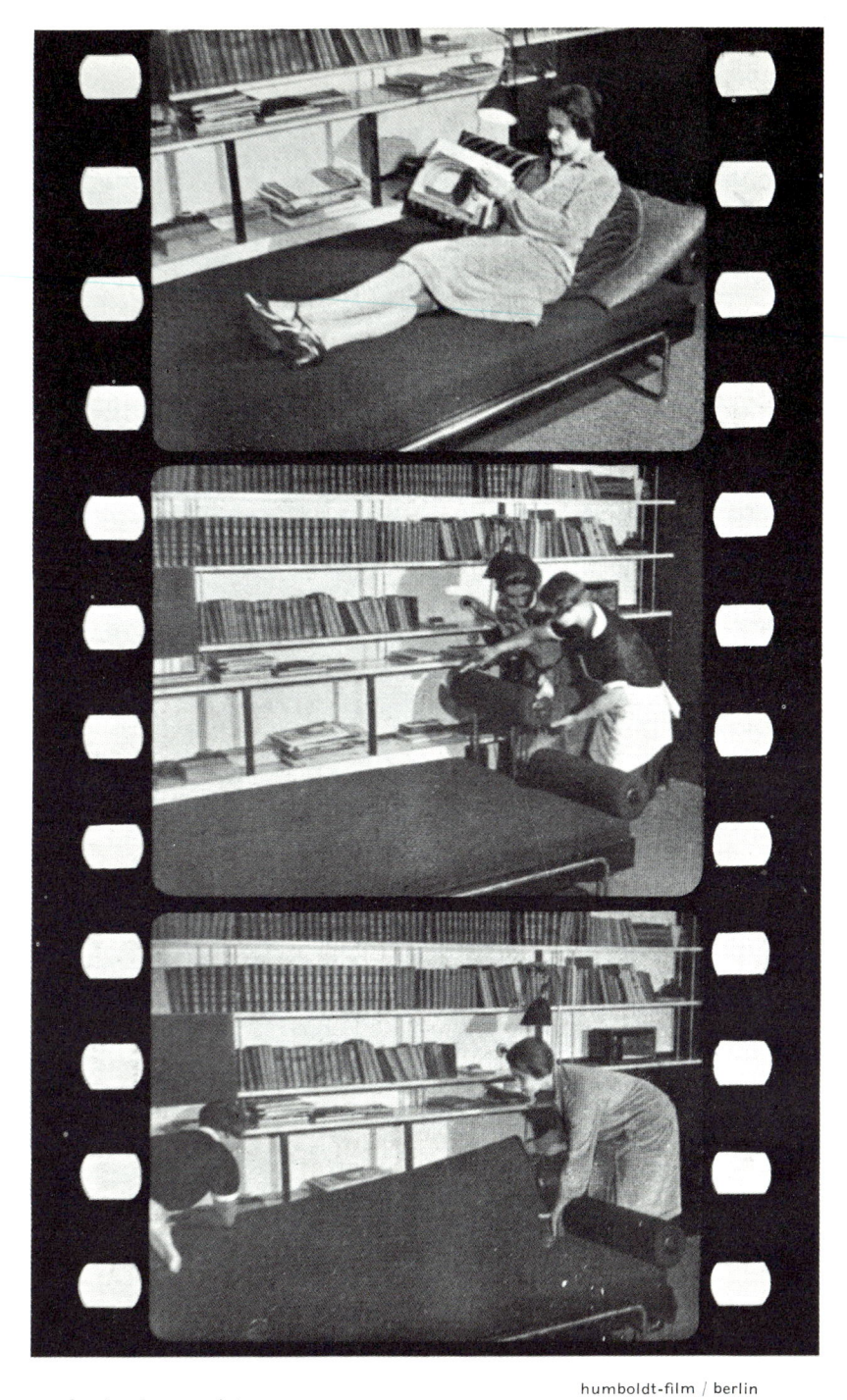

abb. 101 wohnungen der bauhausmeister
zusammenschiebbares doppelsofa (w. gropius und m. breuer) im wohnzimmer des einzelhauses gropius

foto lucia moholy / berlin

heute wirkt noch vieles als luxus,
was übermorgen zur norm wird!

abb. 102 wohnungen der bauhausmeister
ventilator im wohnzimmer des einzelhauses gropius (junkers-werke)
hinter dem ventilator ist in die wand ein an die zentralheizung angeschlossenes heiz-
aggregat eingebaut, so daß im winter angewärmte frischluft eingesaugt wird

humboldt-film / berlin

abb. 103 wohnungen der bauhausmeister
ventilator im wohnzimmer des einzelhauses gropius (junkers-werke)

15 walter gropius **113**

abb. 104 wohnungen der bauhausmeister
veranda vor dem eßzimmer des einzelhauses gropius
die westöffnung (rechts im bild) ist durch eine ungeteilte feststehende spiegelglasscheibe gegen wind geschützt

foto lucia moholy / berlin

humboldt-film / berlin

abb. 105 wohnungen der bauhausmeister
dachterrasse im obergeschoß des einzelhauses gropius

abb. 106 wohnungen der bauhausmeister
schlafzimmer im einzelhaus gropius
wandschränke: w. gropius und m. breuer
farbige gestaltung: m. breuer und wandmalerei-abteilung des bauhauses
die gesamte wand zum nebenzimmer ist aus tiefen schränken und nischen (holzein-
bauten) zusammgesetzt (siehe grundriß, abb. 79)

foto lucia moholy / berlin

humboldt-film / berlin

abb. 107 wohnungen der bauhausmeister
schuhschrank im schlafzimmer des einzelhauses gropius

117

abb. 108 wohnungen der bauhausmeister
nachttisch im schlafzimmer des einzelhauses gropius

foto lucia moholy / berlin

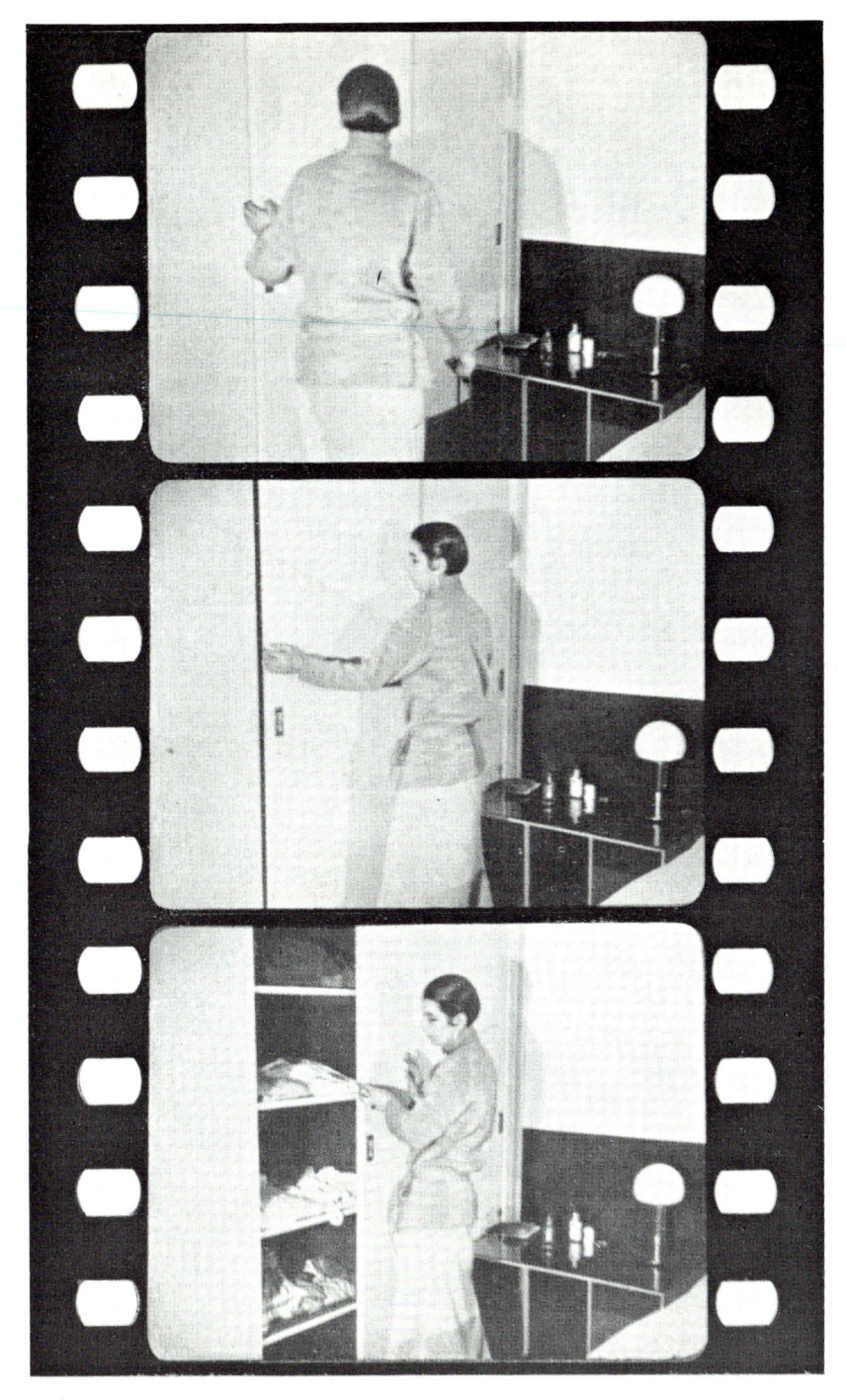

humboldt-film berlin

abb. 109 wohnungen der bauhausmeister
wäschewandschrank im hauptschlafzimmer des einzelhauses gropius

abb. 110 wohnungen der bauhausmeister foto lucia moholy / berlin
zwischen zwei schlafzimmern eingebauter begehbarer kleiderschrank im einzelhaus gropius
das licht schaltet sich beim öffnen und schließen der tür selbsttätig ein und aus

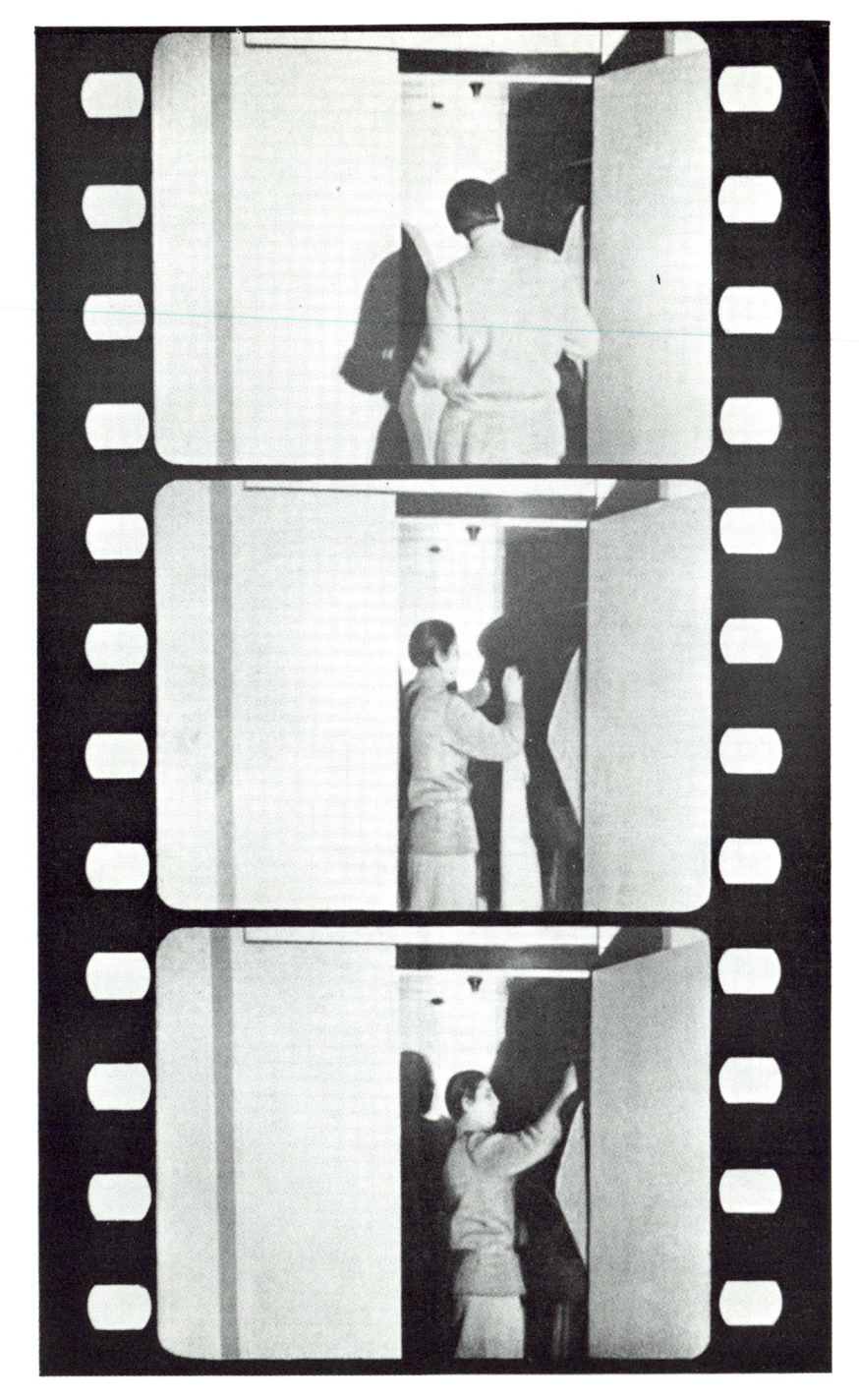

humboldt-film / berlin

abb. 111 wohnungen der bauhausmeister
begehbarer kleiderschrank im einzelhaus gropius (siehe abb. 110)

abb. 112 wohnungen der bauhausmeister foto lucia moholy / berlin
waschnische in einem schlafzimmer des einzelhauses gropius

abb. 113 wohnungen der bauhausmeister foto lucia moholy / berlin
mit spiegeln ausgekleidete toilettennische im gastzimmer des einzelhauses gropius

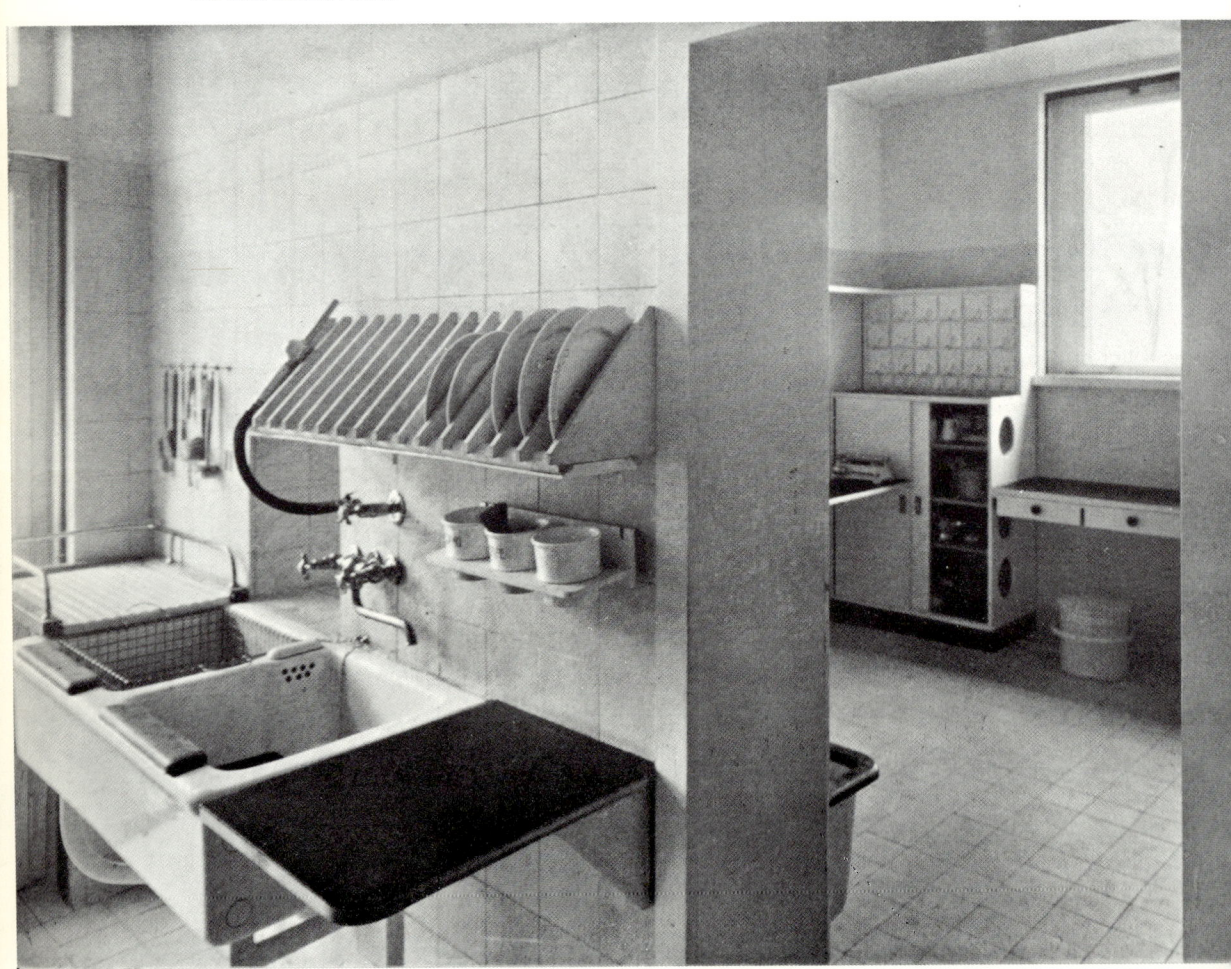

abb. 114 wohnungen der bauhausmeister
spüle des einzelhauses gropius und blick in die küche

foto lucia moholy / berlin

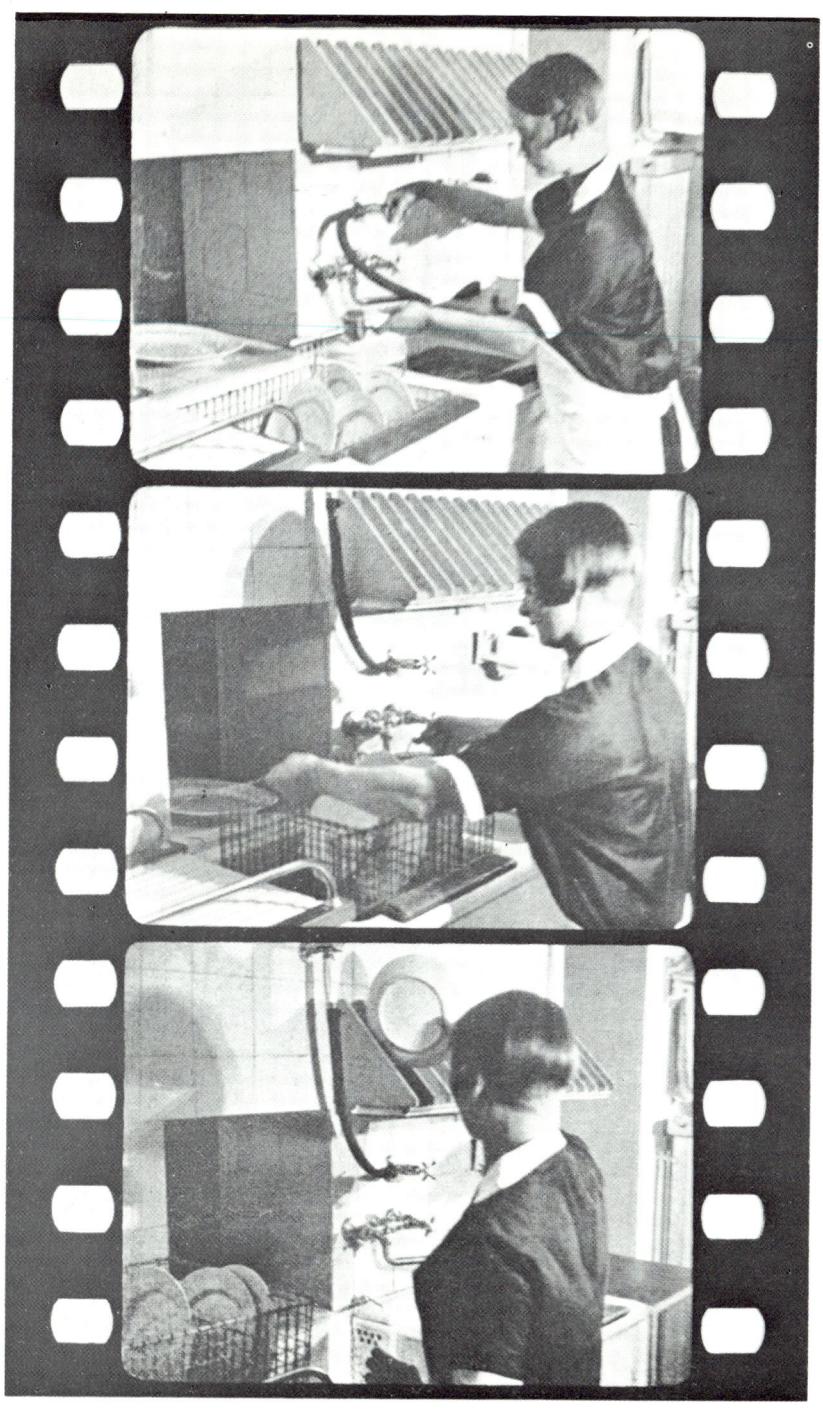

abb. 115 wohnungen der bauhausmeister
spüle des einzelhauses gropius
heißwasser-soda-dusche; geschirrkorb; tellerabtropfregal

humboldt-film / berlin

abb. 116 wohnungen der bauhausmeister
küche im einzelhaus gropius mit geschirrdurchreiche zur spüle
küchenschrank: m. breuer

foto lucia moholy / dessau

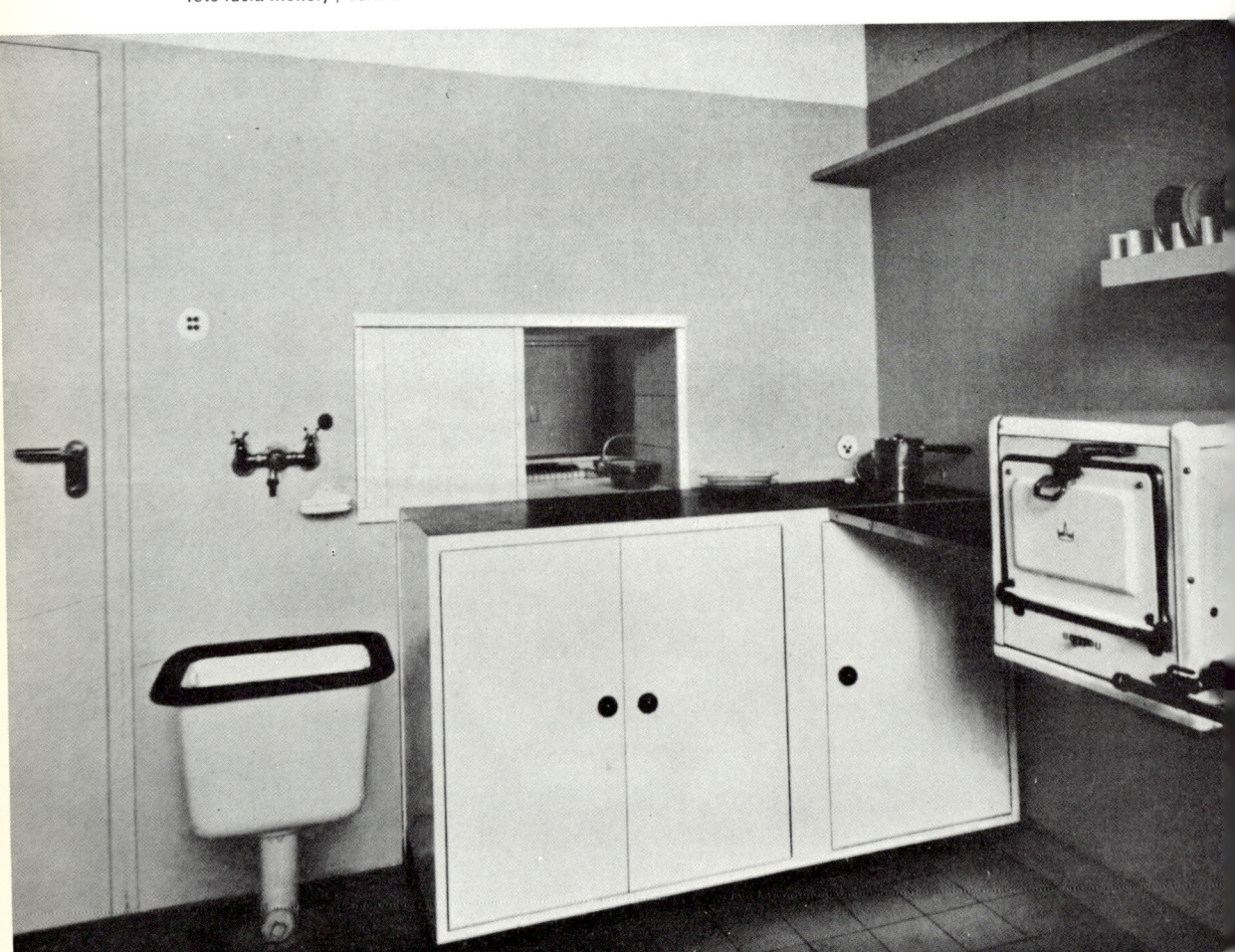

humboldt-film / berlin

abb. 117 wohnungen der bauhausmeister
eingebauter geschirr- und besteckschrank zwischen eßzimmer und spüle, beiderseitig
zu öffnen (w. gropius und m. breuer)

abb. 118 wohnungen der bauhausmeister
küche im einzelhaus gropius
schränke: m. breuer

foto lucia moholy / berlin

humboldt-film / berlin

abb. 119 wohnungen der bauhausmeister
topfschrank mit verzinkten rosten in der küche des einzelhauses gropius (m. breuer)

abb. 120 wohnungen der bauhausmeister foto lucia moholy / berlin
schrank für plättbrett und plätteisen im einzelhaus gropius
die kombinierte aufnahme zeigt gleichzeitig das heraus- und hereingeklappte plättbrett

abb. 121 wohnungen der bauhausmeister   humboldt-film / berlin
dreiteiliger eingebauter schrank für gebrauchte wäsche im treppenhaus des einzelhauses gropius
der schrank ist nach außen durch die wand entlüftet. getrennte abteilungen für tisch-, bett- und leibwäsche

abb. 122 wohnungen der bauhausmeister
badezimmer im einzelhaus gropius
die wände sind mit kristallglasscheiben belegt

foto lucia moholy / berlin

foto lucia moholy / berlin

abb. 123 wohnungen der bauhausmeister
waschküche im 1. stock des einzelhauses gropius
waschtrommel und trockenzentrifuge mit riemenlosem motorantrieb
waschtrommel mit gas geheizt

133

foto lucia moholy / berlin

abb. 124 wohnungen der bauhausmeister
ostansicht eines doppelhauses vom dach des einzelhauses aus gesehen. terrassen und balkonvorbauten in allen etagen, austrittsmöglichkeit ins freie von fast allen räumen aus
die balkone sind durch stützenlose auskragungen der massivdecken gebildet

abb. 125 wohnungen der bauhausmeister
ostansicht eines doppelhauses

das raumgefühl verändert sich; während die alten zeiten abgeschlossener kulturentwicklungen die schwere erdgebundenheit in festen, monolit wirkenden baukörpern und individualisierten innenräumen verkörperten, zeigen die werke der heutigen, richtunggebenden baumeister ein verändertes raumempfinden, das die bewegung, den verkehr unserer zeit in einer auflockerung der baukörper und räume widerspiegelt und den zusammenhang des innenraums mit dem allraum zu erhalten sucht, was die abschließende wand verneint.

foto lucia moholy , berlin

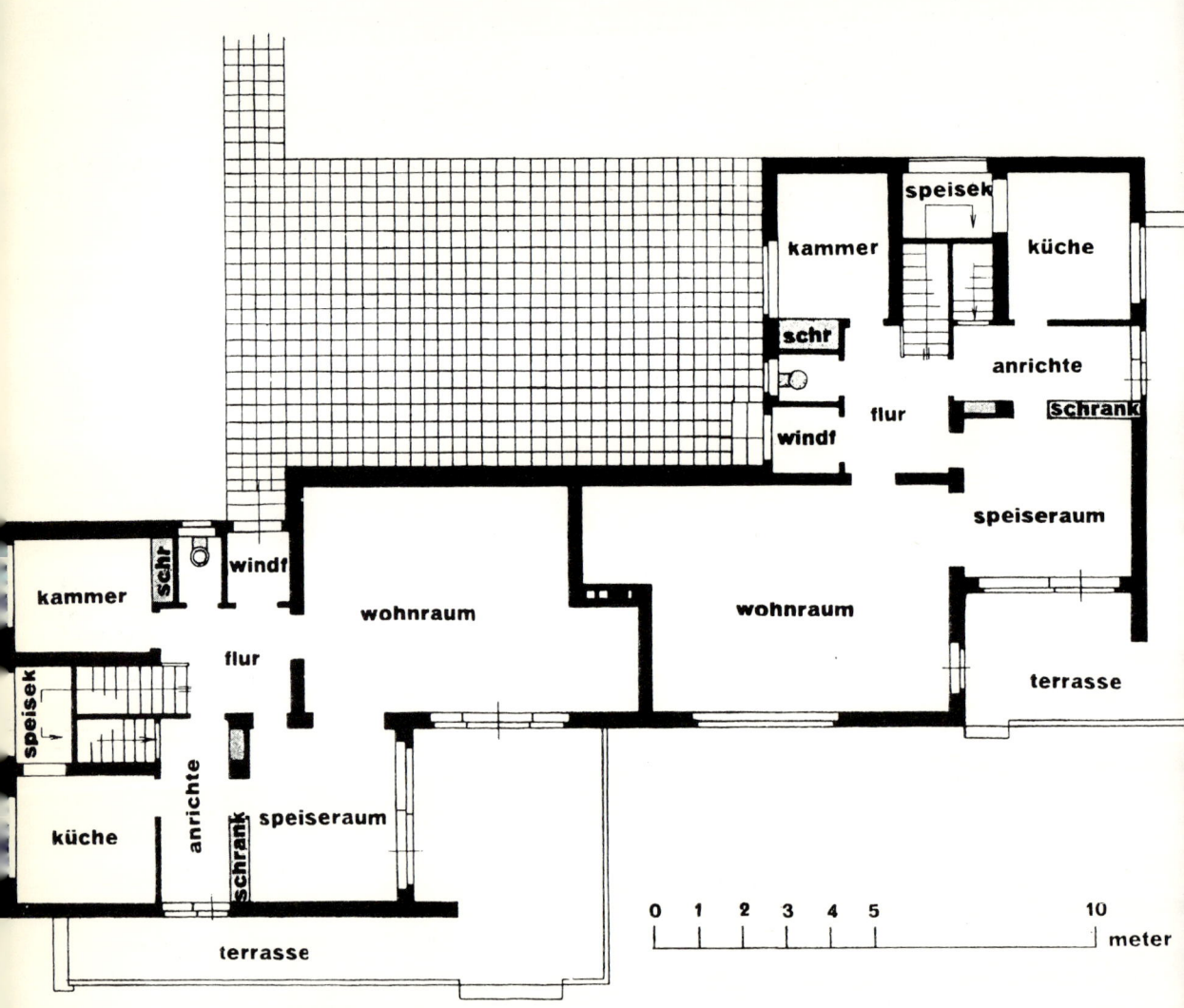

abb. 126 wohnungen der bauhausmeister
erdgeschoßgrundriß eines doppelhauses
der grundriß der einen der beiden wohnungen ist das verschränkte um 90⁰ von ost nach süd gedrehte spiegelbild der anderen. dadurch:
verwendung gleicher bauteile, aber wechselnde ansichten; optische isolierung

die größe der räume kann sich ohne schaden herabsetzen lassen zugunsten einer steigerung des wohnkomforts. die zunehmende schwierigkeit der hausangestelltenfrage, die z. b. in amerika schon zu lebensverändernden maßnahmen zwingt, spricht für die disposition des wohnorganismus entscheidend mit. organisation und technik müssen die hausfrau davor bewahren, daß ihre kräfte allein im hausdienst verbraucht werden, statt daß sie für die eigene geistige entwicklung und für die erziehung der kinder frei bleiben.

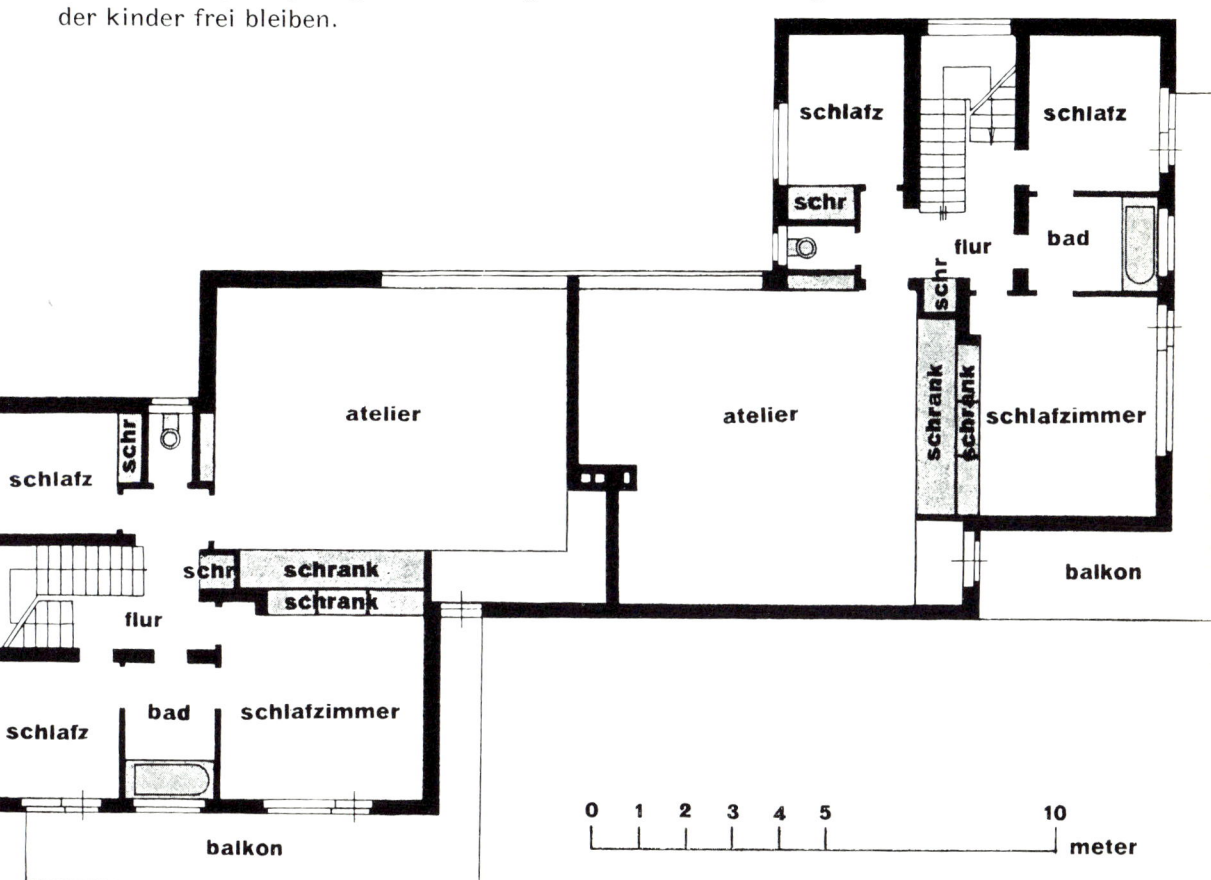

abb. 127 wohnungen der bauhausmeister
obergeschoßgrundriß eines doppelhauses
die linke wohnung enthält außerdem im zweiten stock noch zwei schlafzimmer

abb. 128 wohnungen der bauhausmeister
sitzplatz vor dem eßzimmer der doppelhäuser

oto lucia moholy / berlin

foto lucia moholy / berlin

abb. 129 wohnungen der bauhausmeister
garten- (süd-) ansicht eines doppelhauses

abb. 130 wohnungen der bauhausmeister
atelier in einem doppelhaus
(atelier moholy-nagy's)

die abweichende behandlung in der farbigen gestaltung und in der möblierung der einzelnen wohnungen bringt trotz gleichheit der grundrisse eine so verschiedenartige wirkung, daß die gleichheit der räume in den verschiedenen wohnungen dem beschauer nicht bewußt wird.

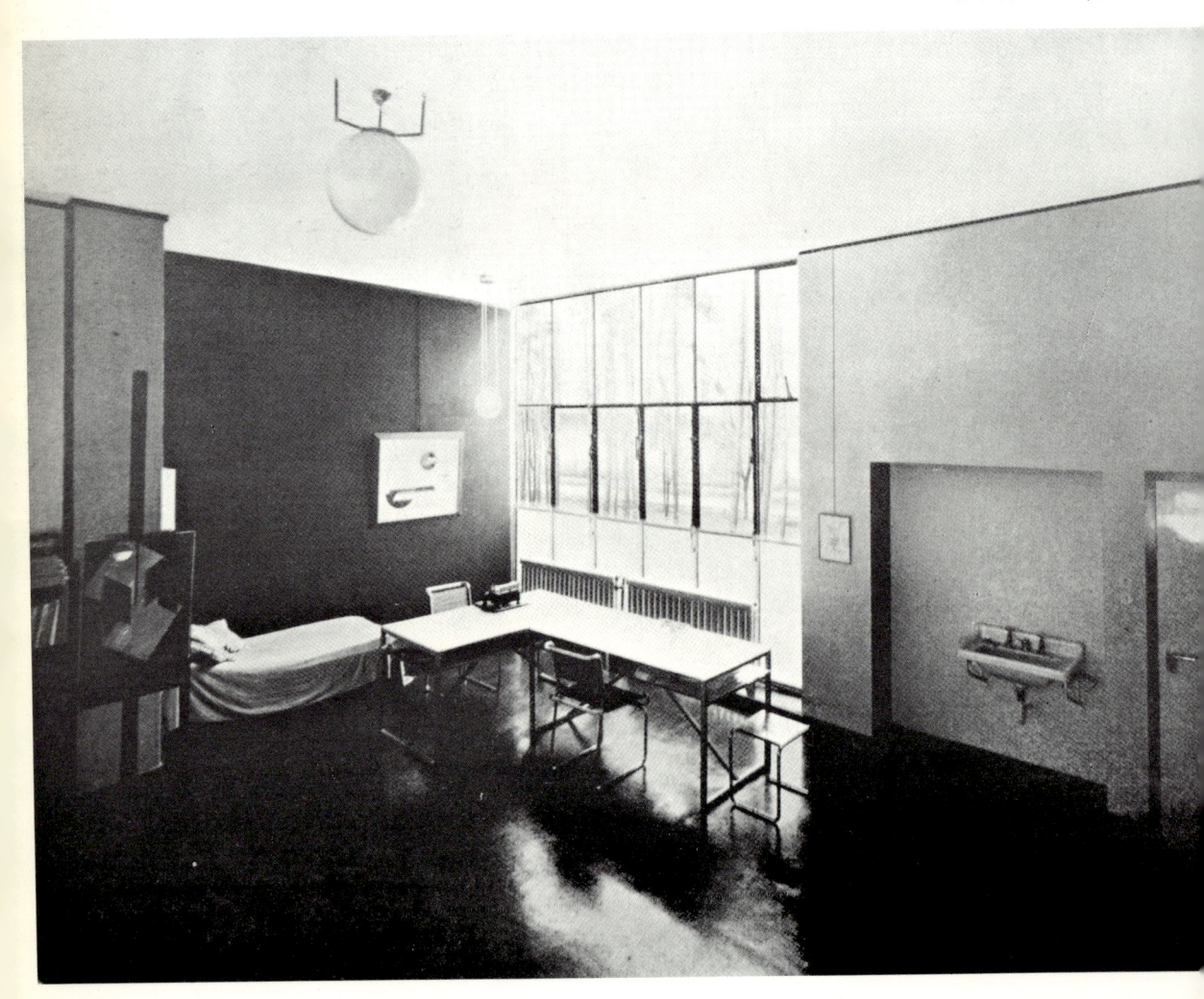

foto lucia moholy / berlin

foto lucia moholy / berlin

abb. 131 wohnungen der bauhausmeister
atelierstahlfenster eines doppelhauses mit kippflügeln. brüstung aus eternitplatten

abb. 132 wohnungen der bauhausmeister
wohnzimmer eines doppelhauses
einrichtung: g. muche

foto consemüller / bauhaus

foto lucia moholy / berlin

abb. 133 wohnungen der bauhausmeister
blick aus einem fenster eines doppelhauses

die hausfrau, an die in dem erschöpfenden trubel des lebens heute soviel mehr anforderungen gestellt werden als früher, und die sich in den seltensten fällen ausreichende haushaltshilfe beschaffen kann, wird es dankbar begrüßen, wenn sie sich in ihrem heim nicht mehr einer überwältigenden fülle von nutzlosen gegenständen und verschnörkelten möbeln gegenübersieht, deren pflege ihr die zeit stiehlt und die doch nur einen altmodischen, überholten begriff von „gemütlichkeit" geben. ihr werden die vorteile der neuen wohnungen am schnellsten klar werden. ebenso wie es uns nicht einfällt, im rokokostüm über die straße zu gehen, statt in unserer modernen kleidung, ebenso wünschen wir uns auch unser erweitertes kleid, die wohnung, befreit von sinnlosem, raumsperrendem kram und überflüssigen verzierungen. der willkür der stile sind wir satt geworden, von der laune zur regel geschritten und suchen nun in klaren, knappen und einfachen formen, die der art unseres heutigen lebens entsprechen, den wesentlichen und sinnfälligen ausdruck unserer häuslichen umgebung.

abb. 134/135 wohnungen der bauhausmeister
wohnzimmer eines doppelhauses
wohnung moholy-nagy's
möbel: m. breuer

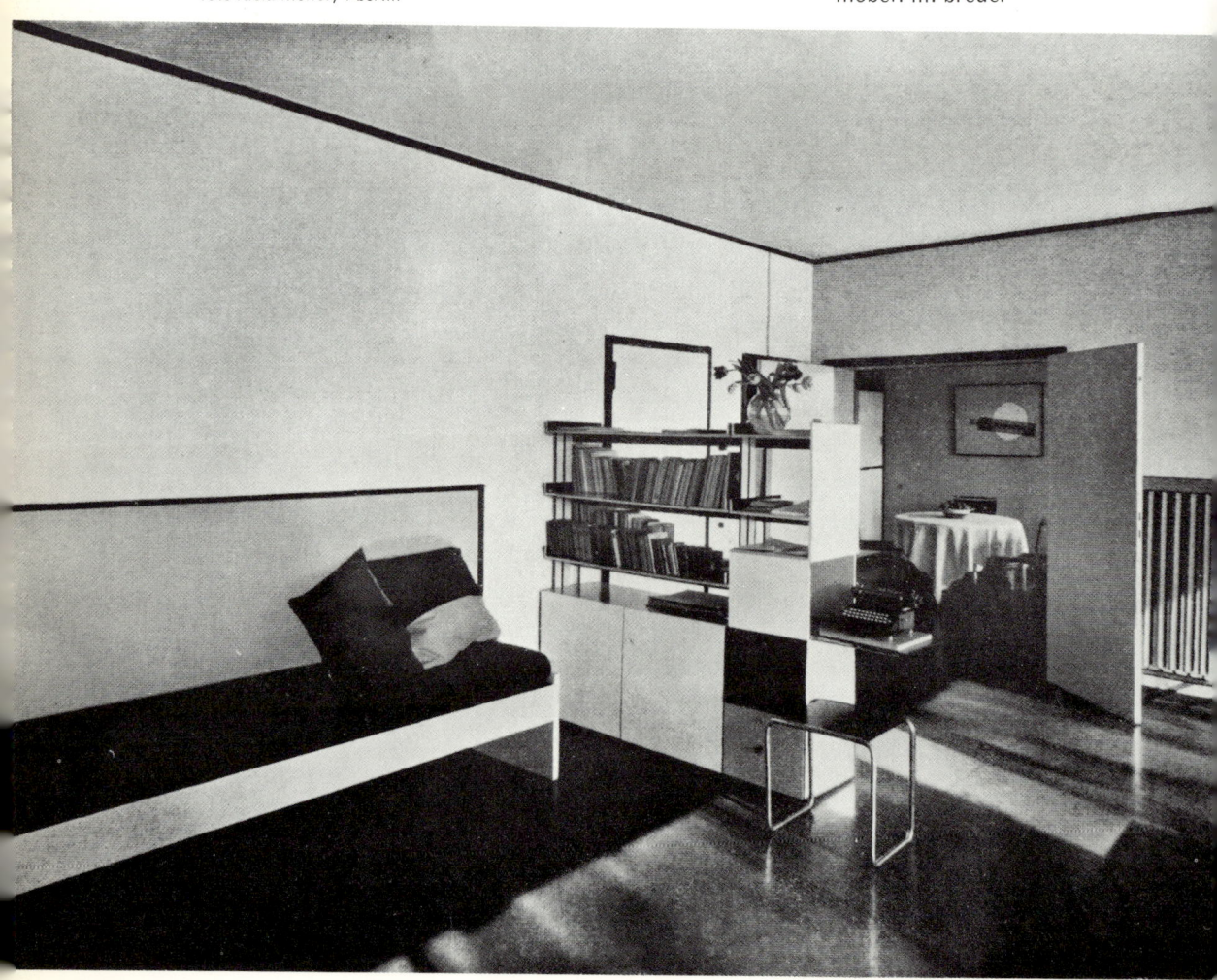

foto lucia moholy / berlin

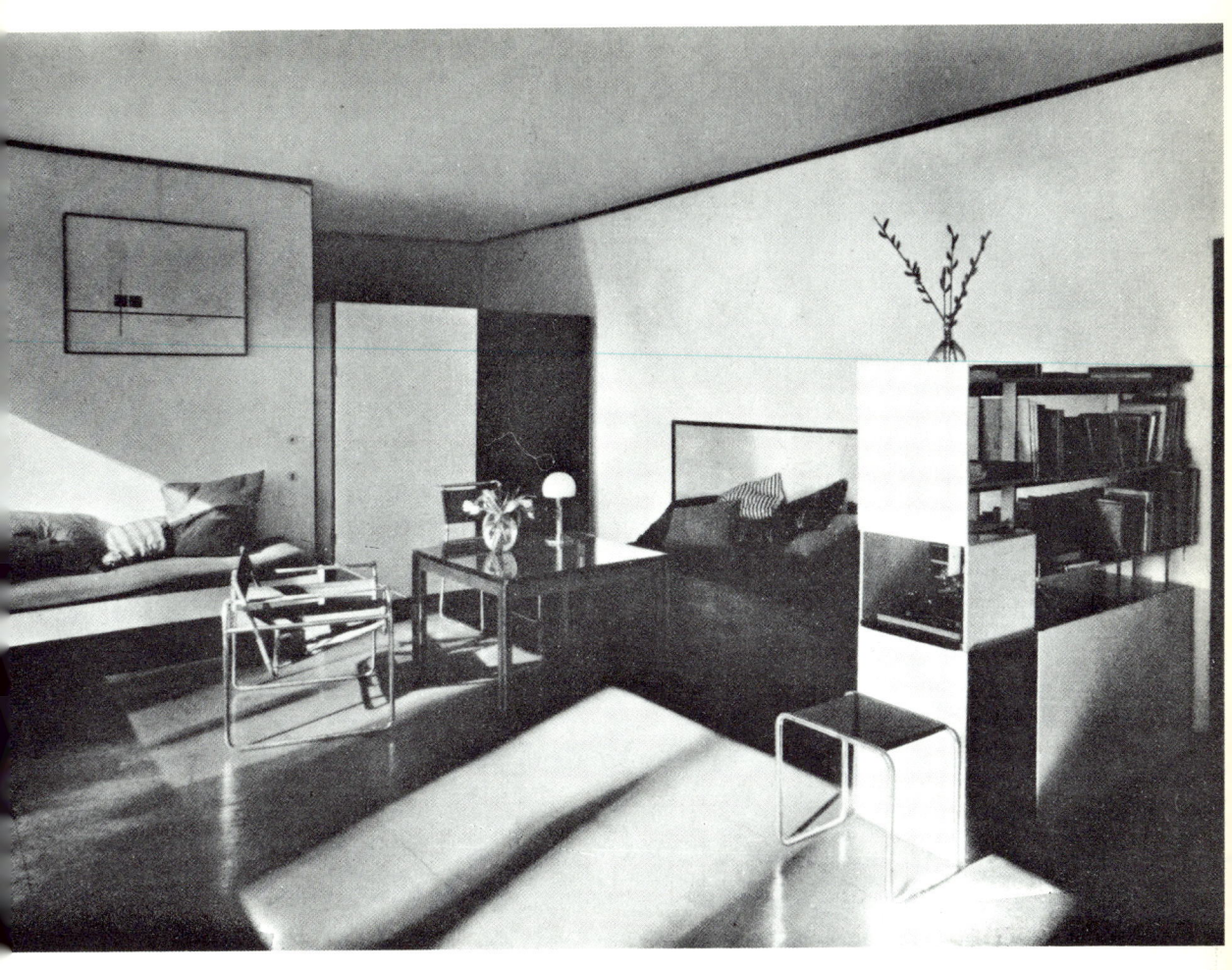

foto lucia moholy berlin

selbst heute noch finden wir neu eingerichtete wohnungen im rokoko- oder renaissancestil, und es ist fast unbegreiflich, daß menschen der heutigen zeit sich einreden lassen, dies sei der erstrebenswerte und „vornehmste" rahmen für das häusliche dasein. die sonderbare kluft, die durch diese anschauung beim einzelnen entstand zwischen seinen beruflichen bedürfnissen nach ordnung, zweckmäßigkeit, schnelligkeit und übersichtlichkeit und seinen seelischen bedürfnissen nach schönheit und häuslicher behaglichkeit ließ es unmöglich erscheinen, die annehmlichkeiten des einen mit den annehmlichkeiten des anderen zu verbinden.

die architekten der heutigen generation haben mit dieser auffassung gründlich gebrochen und sehen ihre hauptaufgabe darin, die bedürfnisse ihrer eigenen zeit mit den mitteln der heutigen technik zu erfüllen und sich nicht mit schwächlicher nachahmung der vorfahren zu begnügen.

abb. 136 wohnungen der bauhausmeister
eßzimmer in einem doppelhaus mit geschirrschrank zur spüle
farbige gestaltung: l. moholy-nagy und wandmalerei des bauhauses
tisch und sitzmöbel: m. breuer

foto lucia moholy / berlin

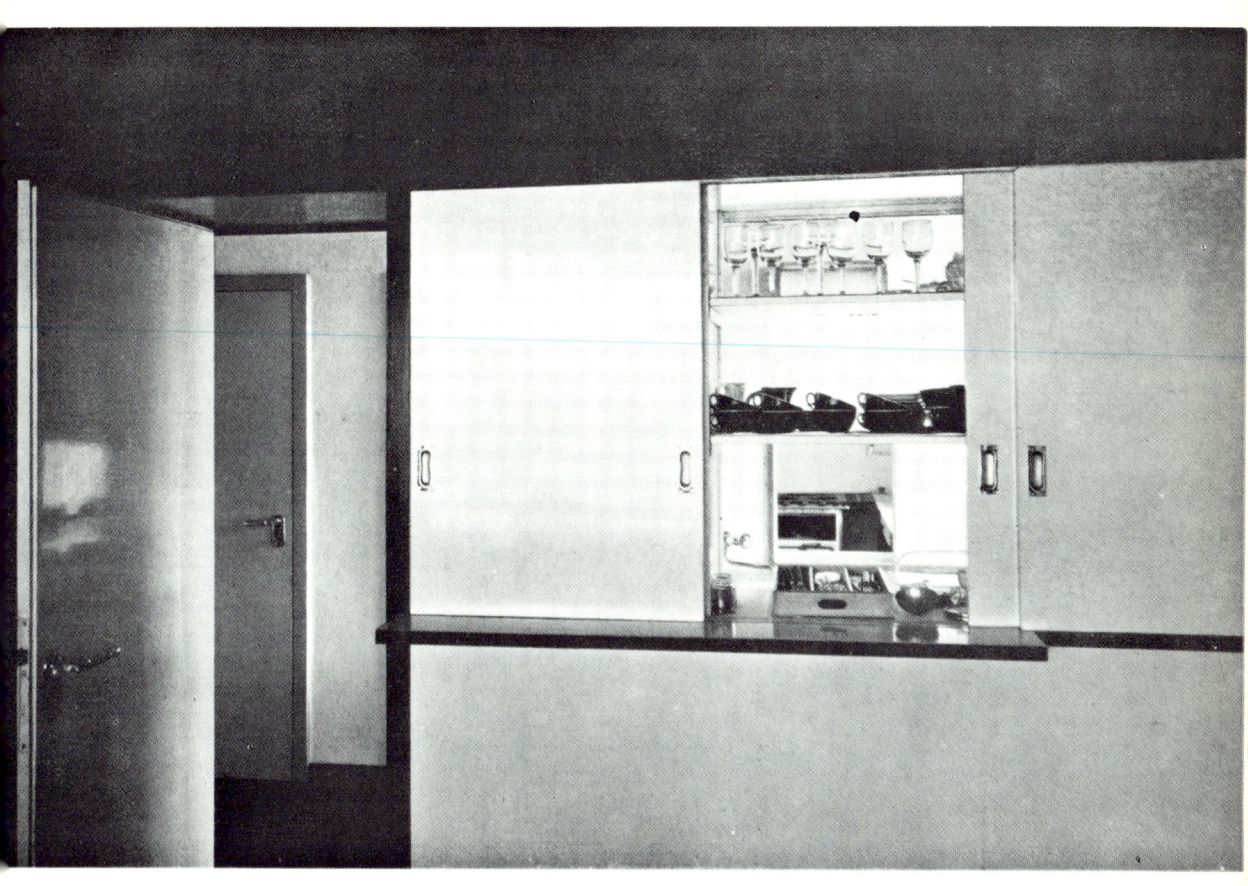

foto lucia moholy / berlin

abb. 137 wohnungen der bauhausmeister
geöffneter geschirrschrank zwischen eßzimmer und spüle eines doppelhauses
(siehe abb. 136)

abb. 138 wohnungen der bauhausmeister
schlafzimmerecke in einem doppelhaus (moholy-nagy)
möbel: marcell breuer

foto lucia moholy / berlin

foto lucia moholy / berlin

abb. 139 wohnungen der bauhausmeister
schlafzimmerfenster (ost) eines doppelhauses

149

abb. 140 wohnungen der bauhausmeister
badezimmer im 1. stock eines doppelhauses

foto lucia moholy / berlin

abb. 141 wohnungen der bauhausmeister foto lucia moholy / berlin
speiseschrank in der küche, dahinter speisekammer, vom podest der kellertreppe aus zugänglich

siedlung dessau-törten und
gebäude des konsumvereins dessau
architekt: walter gropius
erbaut in den jahren 1926—28

die stadt dessau

hat auf einem vom anhaltischen staat erworbenen gelände an der hauptstraße nach leipzig bei dem dorf törten eine

reichsheimstättensiedlung

nach meinen plänen und unter meiner gesamtregie errichtet.

in bisher 3 bauabschnitten 1926, 1927, 1928 sind dort 316 einfamilienreihenhäuser als reichsheimstätten zu je 5 bzw. 4 wohnräumen errichtet worden.

die aufgabe

hatte zum ziel, die mieten der häuser unter zusammenfassung aller rationalisierungsmöglichkeiten herabzudrücken. dieses ziel billiger mieten wurde durch ökonomische komposition der pläne, rechtzeitige arbeitsvorbereitung, sorgfältige vergabe und ökonomie des gewählten konstruktionsprinzips erreicht.

die gesamten pläne wurden v o r vergabe der arbeiten im maßstab 1:20 durchgearbeitet, so daß auch sämtliche installationen — gas, wasser, licht, heizung — von vornherein in maßen und rohrführungen festlagen.

bei der anzahl der gleichzeitig gebauten wohneinheiten

                1926   60 häuser
                1927 100 häuser
                1928 156 häuser

war die anwendung von großgerät rationell. für den vorliegenden fall wurden krane für ca. 1,5 t gewicht zum versetzen der baueinheiten verwendet.

eine untersuchung des baugeländes ergab reiches vorhandensein an gutem bausand und kies. infolgedessen entschloß ich mich für die bauten eine betonbauweise nach eigenem system anzuwenden, um dadurch zu erreichen, daß die an die baustelle zu transportierenden massen niedrig blieben, denn das vorhandensein von kies und sand erforderte nur mehr den antransport von zement und ausgeglühter koksschlacke zur herstellung der schlackenbetonwandeinheiten.

das konstruktionsprinzip der reihenhäuser:

tragende brandwände aus schlackenbetonhohlkörpern von 22,5/25/50 cm, also von einer größe, die ein mann versetzen kann. decken frei gespannt von brandwand zu brandwand aus betonrapidbalken, die ohne zwischenfüllung, balken neben balken, trocken verlegt werden. die frontwände werden durch isolierende, nichttragende füllwände aus schlackenbetonhohlsteinen gebildet, die auf armierten freitragenden betonbalken, mit direkter lastübermittlung auf die brandwände, ruhen.

die durchführung

der rohbauten geschah auf grund eines vorher aufgestellten eingehenden werkplatzplanes, derartig, daß die baueinheiten, wandkörper und betondeckenbalken auf der baustelle selbst mit maschinen in fließarbeitsartigen vorgängen so hergestellt wurden, daß leerläufe und reibungsverluste planmäßig eingeschränkt wurden.

hinter der zu erbauenden hausreihe wurden in acht steinmaschinen die schlackenhohlkörper im akkordlohn hergestellt. die arbeitsleistungen von zwei mann steigerten sich allmählich bis zu 250 stück pro tag. nachdem der vorrat für eine gruppe von 8 häusern fertig eingelagert auf stapel stand, wurden die 8 maschinen an die nächste gruppe weitergerückt und so fort.

die rapidbalken wurden am kopf des bauplatzes in dafür errichteten maschinellen betrieben unter verwendung von hochwertigem zement in akkord hergestellt, die bewehrungseisen daneben auf werktischen in der verlängerung der fabrikationsachse vorgerichtet. die feuchten balken kommen aus der maschine auf einen trockentisch, an dessen ende die bereits getrockneten balken auf lorenwagen zum kran laufen, der die balken zu je sechs stück gebündelt versetzt.

grundsatz bei der arbeit an der baustelle war es, ein und denselben mann immer wieder für die gleiche baufase in jeder hausgruppe einzusetzen und dadurch die leistung zu steigern. um das ineinandergreifen der einzelnen baufasen im rohbau und ausbau von vornherein sicherzustellen, wurde ein genauer zeitplan nach art der eisenbahnbetriebspläne zunächst vor arbeitsbeginn teoretisch — nach fertigstellung der praxis entsprechend ergänzt — aufgestellt. der zeitplan ermöglicht es, auf einen blick das ineinandergreifen verschiedener arbeitsvorgänge zu überschauen und rechtzeitige maßnahmen zu ergreifen.

durch dieses arbeits- und konstruktionsprinzip war es möglich, folgende herstellungszeiten zu erreichen:
in der bauperiode 1928 in 88 arbeitstagen 130 häuser einschl. herstellung sämtlicher bauteile und bausteine auf der baustelle im rohbau innen und außen fertig verputzt fertigzustellen, d. h. 0,67 tag pro hauseinheit oder je $5^{1}/_{2}$ arbeitsstunden pro hauseinheit.

die anordnung der einzelnen räume

ist aus dem grundriß ersichtlich. da es sich um halbländliche siedlungen handelt mit je 350—400 qm grundstück pro hauseinheit wurden nur die küchen- und dachwässer kanalisiert, die klosettanlage dagegen als torfklosett angelegt, um die fäkalien für die grundstücke zu verwerten.

die häuser enthalten zentralheizung. in der ersten bauperiode warmluftheizung, in der zweiten und dritten bauperiode warmwasserzentralheizung. herd kohlenfeuerung, daneben gasanschluß für gasherd. sämtliche häuser sind mit bädern ausgestattet, in der ersten bauperiode mit gasanschluß für junkers terme, in der zweiten und dritten bauperiode mit boileranlage.

die maße der schlafräume sind so, daß durchweg 2 normale betten darin platz finden.

sämtliche türen sind glatte sperrholztüren in gezogenen eisernen mannstaedtzargen. die fenster doppelt überfälzt, teilweise verzinkte eisenfenster mit eingebauten lüftungsklappflügeln in den küchen und schlafzimmern.

die flachen dächer sind durch auflage einer korkestrichschicht bzw. trocken verlegte zellbetonplatten gegen wärmeverlust geschützt.

auf grund neuer erfahrungen

des ersten bauabschnitts bewilligte die reichsforschungsgesellschaft für wirtschaftlichkeit im bau- und wohnungswesen für versuchszwecke einen betrag von rm 350 800.— und zwar für 256 wohneinheiten je rm 1000.— als darlehn mit $2^0/_0$ verzinsung. ferner rm 44 800.— für bautechnische versuche und rm 50 000.— als darlehn für beschaffung neuer maschinen und geräte zur verbesserung des bausystems. dafür ging der bauherr die verpflichtung ein, die technischen und organisatorischen ergebnisse der beiden letzten bauabschnitte nach den forderungen der reichsforschungsgesellschaft auszuwerten. der erste teil dieser auswertung ist inzwischen erschienen.●)

durch die hergabe von mitteln seitens der reichsforschungsgesellschaft für wirtschaftlichkeit im bau- und wohnungswesen war es möglich, sowohl das bausystem als auch neue materialkombinationen mit leichtbetonarten auf ihre praktische brauchbarkeit hin systematisch zu erproben. herausgabe weiterer amtlicher auswertungsergebnisse durch die reichsforschungsgesellschaft steht bevor.

infolge des grundsätzlichen vorstoßes in der richtung der unaufhaltsamen industrialisierung und rationalisierung des bauwesens wurde die siedlung törten als exponent dieser bewegung in heftigster weise befehdet. trotzdem haben die grundgedanken, die hier in die praxis übergeleitet wurden, inzwischen in

---

●) reichsforschungsgesellschaft: „bericht über die versuchssiedlung in dessau" sonderheft 7 / beuth verlag g. m. b. h. berlin 1929

typ	wohnfläche qm	umbauter raum cbm	reine baukosten einschließlich regiekosten rm	kosten für straßen, anschlüsse und grundstück rm
1926	74,23 (5 räume)	337,62	8734.90	1342.10
1927	70,56 (5 räume)	315,34	9043.30	1456.70
1928	57,05 (4 räume)	286,13	8043.30	1456.70

weiten kreisen aufnahme gefunden, da sie eben in der zeit liegen. die zahlen-
ergebnisse der siedlung sind in untenstehenden tabellen zusammengestellt.

das im zentrum der siedlung törten liegende viergeschossige
konsumgebäude
wurde nach meinen plänen von dem konsumverein für dessau und umgegend im
jahre 1928 erbaut. es enthält 4480 cbm umbauten raum und kostete rm 111 676.—
oder rm 24.9 pro cbm einschließlich sämtlicher nebenkosten. es enthält außer
läden im erdgeschoß drei stockwerkswohnungen von je 3 zimmern mit küche.

gesamtkosten bzw. verkaufspreis rm	kosten für 1 qm wohnfläche rm	kosten für 1 cbm (reine baukosten) rm	auf 1 qm wohnfläche cbm	monatl. aufwand an zinsen und tilgung rm
10 100.—	136.10	25,87	4,53	27.13
10 500.—	148.80	28,68	4,47	37.42
9 500.—	166.52	28,11	5,00	32.91

157

der bisherige handwerkliche charakter des baugewerbes wandelt sich allmählich nach der industriellen seite hin. der fliegenden werkstatt an der baustelle wird mehr und mehr arbeit durch die stationäre industrielle werkstatt — die fabrik — abgenommen.
der bisherige saisoncharakter des bauens mit seinen nachteilen für arbeitgeber und arbeitnehmer sowie für die gesamte volkswirtschaft weicht allmählich dem dauerbetriebe.
die tatsache, daß die neueren bauweisen mit neuen materialien, neuen konstruktions- und neuen betriebsmethoden sich wirtschaftlich bisher erst langsam gegenüber der alten handwerklichen ziegelbaumetode durchzusetzen beginnen, zeugt nicht gegen diese entwicklung. wegen des ungeheuren umfangs der baulichen arbeitsgebiete wird erst mühsam der boden für eine rationelle erzeugung auf der neuen basis vorbereitet.
der vorgang der allmählichen verdrängung zahlreicher handwerklicher erzeugungsmetoden der dinge des täglichen gebrauchs durch industrielle metoden greift nur allmählich in das komplizierte schlüsselgewerbe der bauwirtschaft über; denn die umstellung ist so einschneidend für das gesamtwirtschaftsleben, daß ihr tempo vorsichtig gewählt werden muß, um bestehende wirtschaftsgruppen, insbesondere das handwerk, nicht durch übereilung zu gefährden.

junkers-luftbild dessau

abb. 142 siedlung dessau-törten
erster bauabschnitt 1926 aus der vogelschau

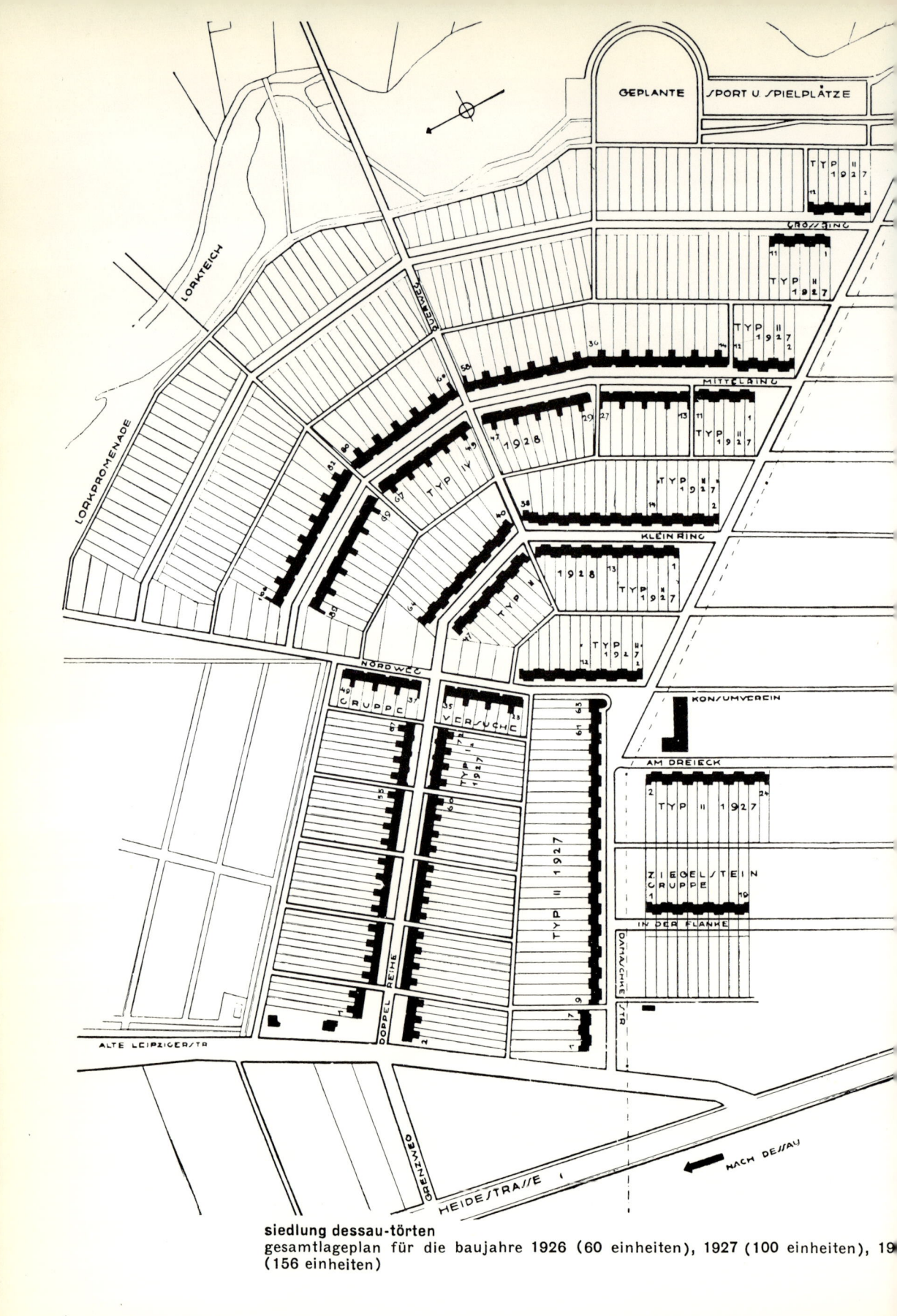

siedlung dessau-törten
gesamtlageplan für die baujahre 1926 (60 einheiten), 1927 (100 einheiten), 19
(156 einheiten)

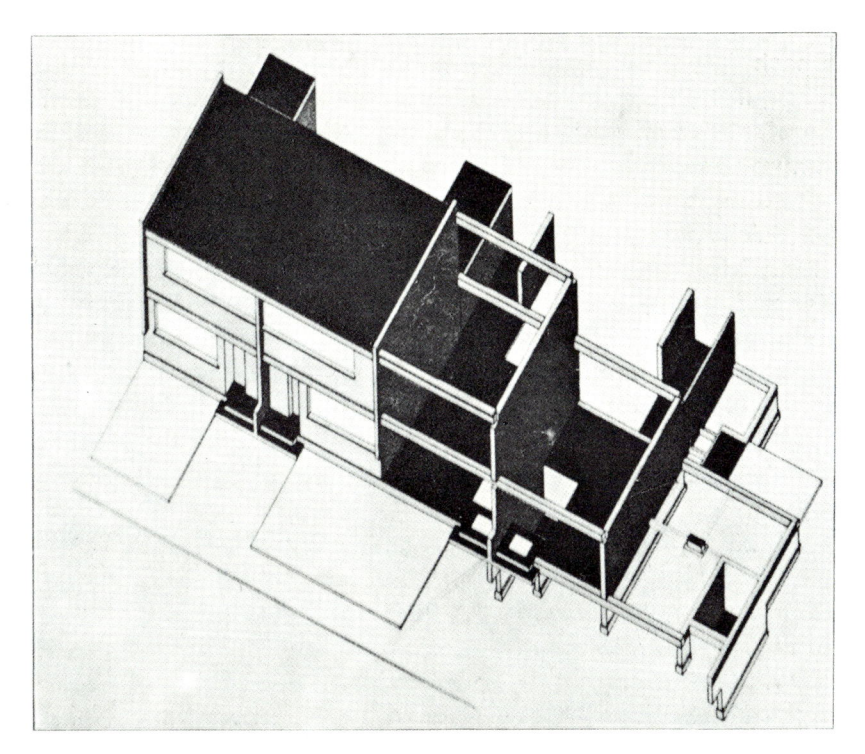

abb. 144 siedlung dessau-törten klischee bauhaus
konstruktionsschema baujahr 1926

tragende brandwände aus schlackenbetonhohlkörpern. decken frei gespannt von brandgiebel zu brandgiebel aus betonrapidbalken, die — balken neben balken — trocken verlegt werden. die frontwände werden durch isolierende, nicht tragende füllwände aus schlackenbetonhohlsteinen gebildet, die auf armierten, freitragenden betonbalken mit direkter lastübermittlung auf die brandgiebel ruhen.

abb. 145 siedlung dessau-törten
ansicht der siedlung vom dach des konsumgebäudes aus nach osten

die frage nach dem wohnungsminimum ist die nach dem elementaren minimum an raum, luft, licht, wärme, die der mensch braucht, um bei der vollentwicklung seiner lebensfunktionen durch die behausung keine hemmungen zu erfahren, also ein „minimum vivendi" an stelle eines modus „non moriendi"●). das minimum selbst wechselt nach den örtlichen bedingungen von stadt und land, landschaft und klima; die gleiche menge luftraum der wohnung bedeutet etwas anderes in einer engen großstadtstraße als in einem locker besiedelten vorstadtviertel. von drigalski, paul vogler und andere hygieniker stellen fest, daß der mensch, beste belüftungs- und besonnungsmöglichkeit vorausgesetzt, vom biologischen standpunkt aus nur eine geringe menge an wohnraum benötigt, zumal wenn dieser betriebstechnisch richtig organisiert wird. ein anschauliches bild der überlegenheit einer wohlorganisierten modernen kleinwohnung gegenüber einer veralteten gibt der vergleich eines bekannten architekten zwischen einem raffiniert eingeteilten reisekoffer und einer kiste.
wenn die zuführung von licht, sonne, luft und wärme aber kulturell wichtiger und bei normalen bodenpreisen auch ökonomischer ist als die vermehrung an raum, so lautet das gebot: vergrößert die fenster, verkleinert die räume, spart eher an nahrung als an wärme. so wie man früher den wert der kalorien der nahrung zuungunsten der vitamine überschätzte, erblicken heute viele das heil für das wohnungswesen irrigerweise im größeren raum und in der größeren wohnung.
entsprechend der schärferen ausprägung des individuellen lebens der kommenden zeit innerhalb der gesellschaft und den berechtigten ansprüchen des individuums auf zeitweise absonderung von der mitwelt wird ferner die ideale grundforderung aufgestellt werden müssen: jedem erwachsenen menschen sein eigenes, wenn auch kleines zimmer! die aus diesen grundvoraussetzungen sich ergebende minimalwohnung würde ihr aus zweck und sinn begründetes sachliches minimum darstellen: die standardwohnung.
der typus ist nicht ein hemmnis kultureller entwicklung, sondern geradezu eine ihrer voraussetzungen. er birgt die auslese des besten in sich und scheidet das elementare, überindividuelle vom subjektiven ab. das märchen von der vergewaltigung des individuums durch typung und normung schwindet bei einem rückblick auf die geschichte. immer war der typus ein zeichen gesitteter gesellschaftlicher ordnung. die wiederkehr gleicher teile wirkt ordnend und beruhigend.
wer sich heute ein automobil kauft, wird nicht daran denken, sich eines „nach maß" bauen zu lassen. hier ist es eklatant, daß erst die serienweise herstellung,

---

●) dr. paul vogler, berlin

foto binnemann / dessau

also die durchführung des typus unter zugrundlegung zahlreicher normteile, ermöglicht hat, ein verhältnismäßig vollendetes instrument zu schaffen. es ist nicht einzusehen, warum nicht unsere wohnhäuser nach gleichen rationellen grundsätzen hergestellt werden sollen, zumal die beweise der verbilligung und verbesserung auf diesem wege für zahlreiche andere gebiete schon erbracht sind! das wohnhaus ist ein typisches gruppengebilde, ein glied der größeren einheit, der straße, der stadt. die einheitlichkeit dieser zelle innerhalb des ganzen stadtgebildes muß äußerlich zum ausdruck kommen, die abweichung der größen gibt uns trotzdem die nötige variation. die besten stadtbilder der vergangenheit in unserm oder in andern ländern geben den bündigen beweis, daß sich schönheit und klarheit eines stadtgebildes mit der durchführung des typus, mit der wiederholung typischer hausgebilde steigert. die norm ist immer ein letztes, reifstes ergebnis aus der übereinstimmung sachlicher lösungen verschiedener individuen. sie ist der generalnenner einer ganzen zeit. der natürliche wettbewerb verschiedener typen nebeneinander läßt der eigenart der nation und des individuums den spielraum sich auszuwirken. eine vereinheitlichung der bauelemente wird die heilsame folge haben, daß unsere neuen wohnhäuser und städte wieder gemeinsamen charakter tragen werden.
der typus ist nicht erst eine erfindung der heutigen zeit, er war von jeher zeichen kulturellen wohlstandes. durch eine weise beschränkung auf wenige typen für die bauten und gegenstände unseres täglichen bedarfs steigt **ihre qualität und sinkt ihr preis**, und damit hebt sich notwendig das gesamte soziale nivo.

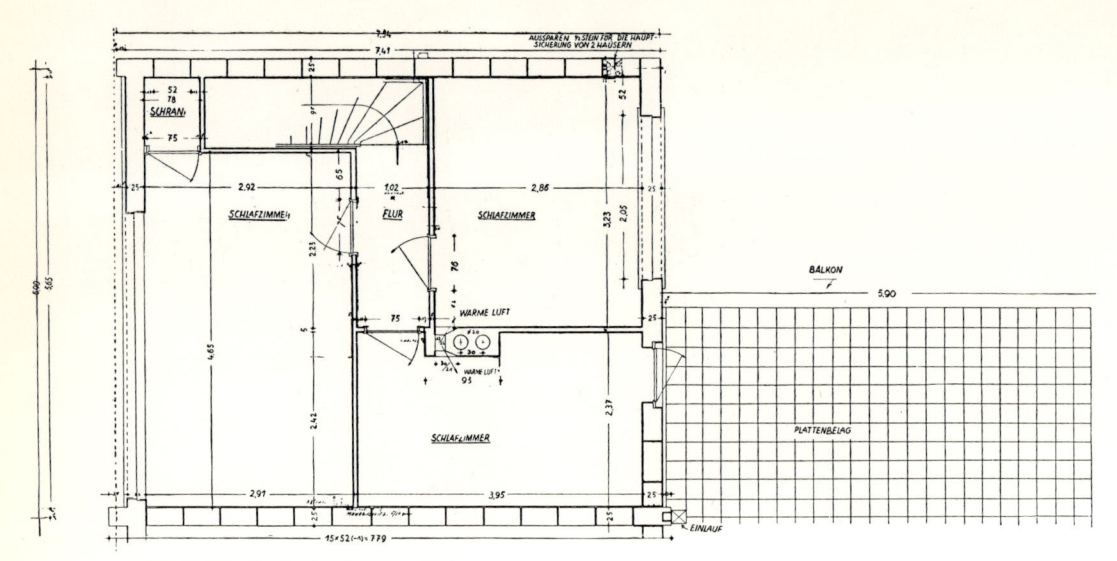

abb. 146 siedlung dessau-törten
grundriß des obergeschosses vom typ des baujahres 1926

klischee bauhaus

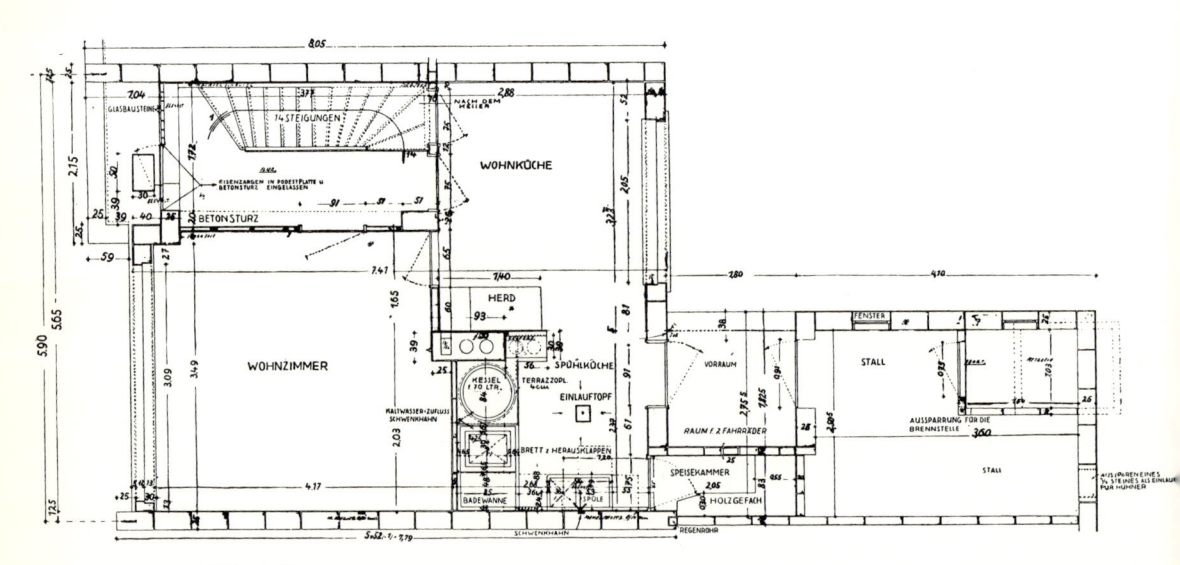

abb. 147 siedlung dessau-törten
grundriß des erdgeschosses vom typ des baujahres 1926

klischee bauhaus

164

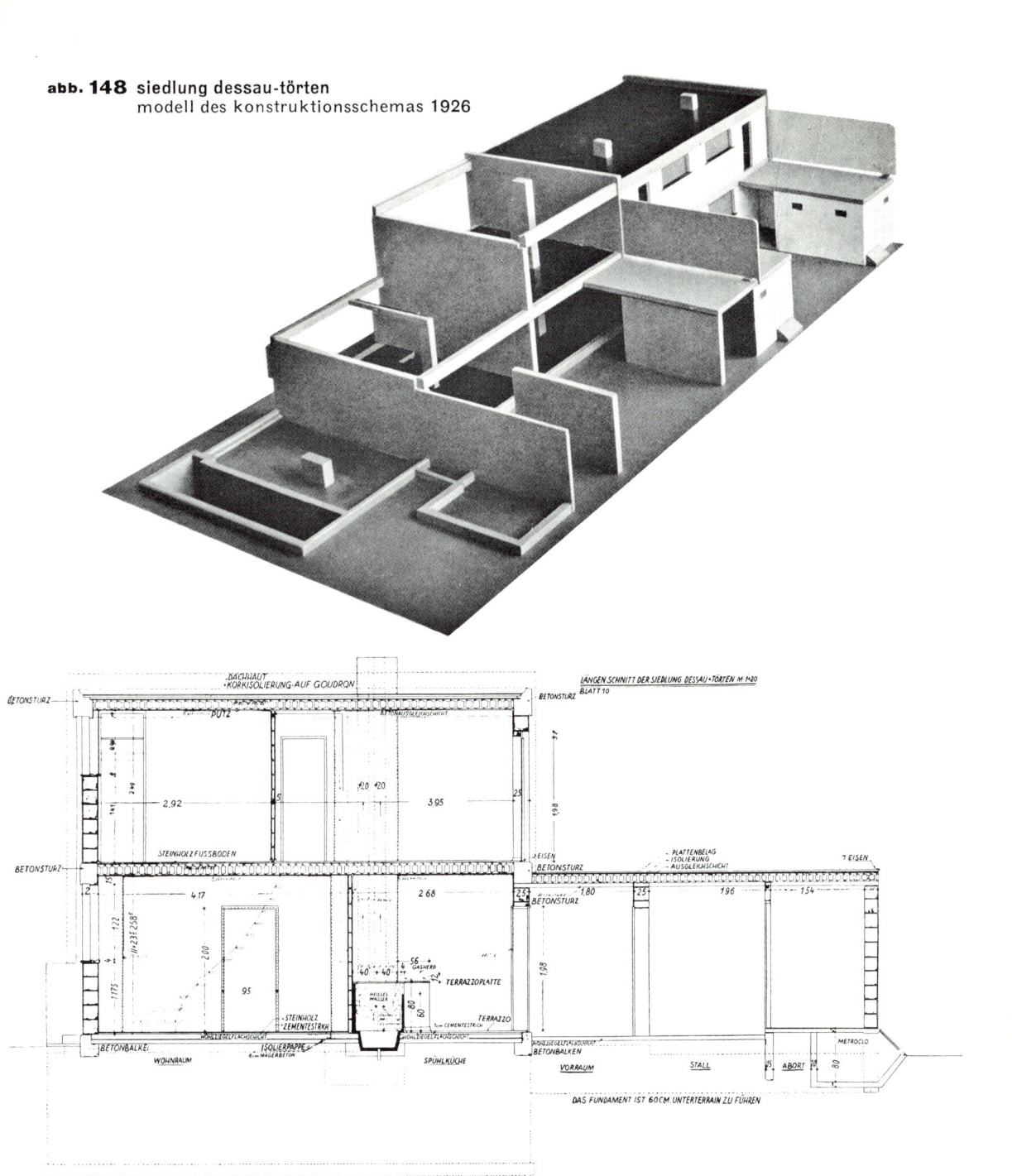

abb. 148 siedlung dessau-törten
modell des konstruktionsschemas 1926

abb. 149 siedlung dessau-törten
schnitt vom typ des baujahres 1926
die rapiddeckenbalken sind eingezeichnet

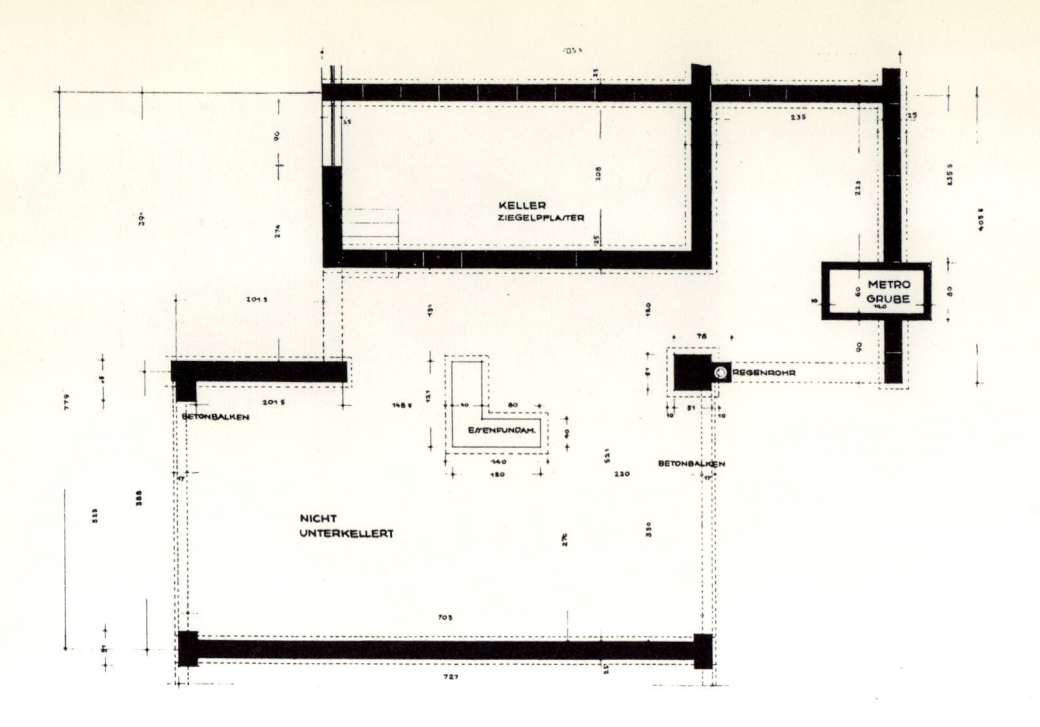

abb. 150 siedlung dessau-törten
keller- und fundamentgrundriß des typs 1927

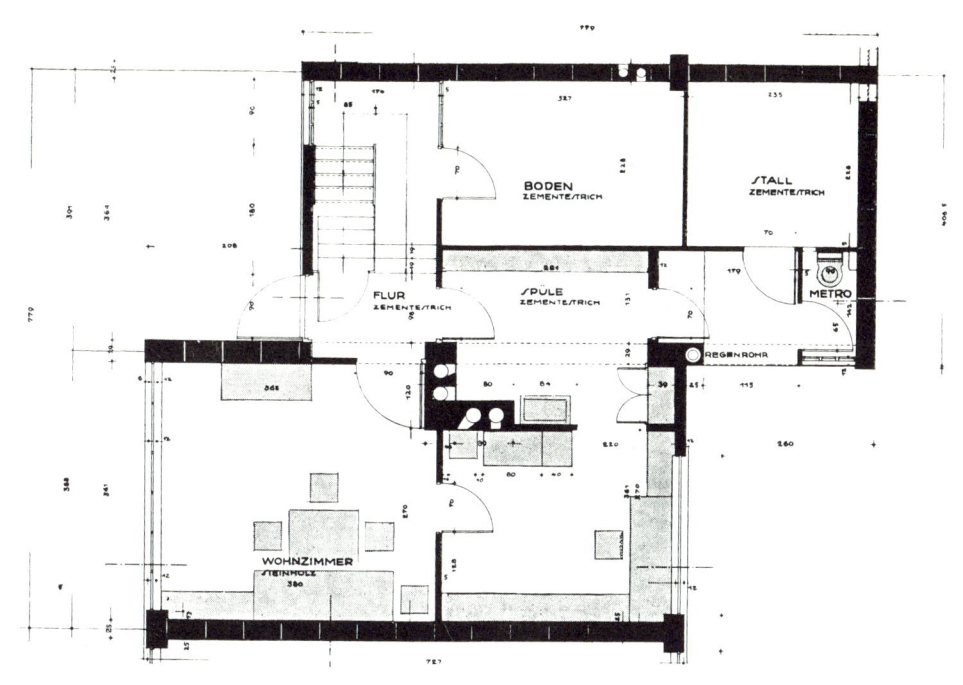

abb. 151 siedlung dessau-törten
erdgeschoßgrundriß des typs 1927

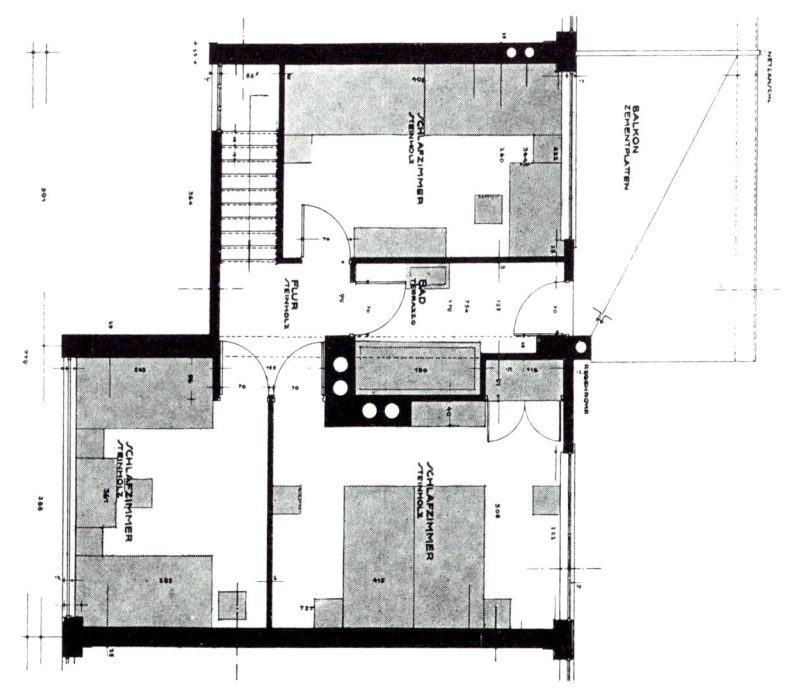

abb. 152 siedlung dessau-törten
obergeschoßgrundriß des typs 1927

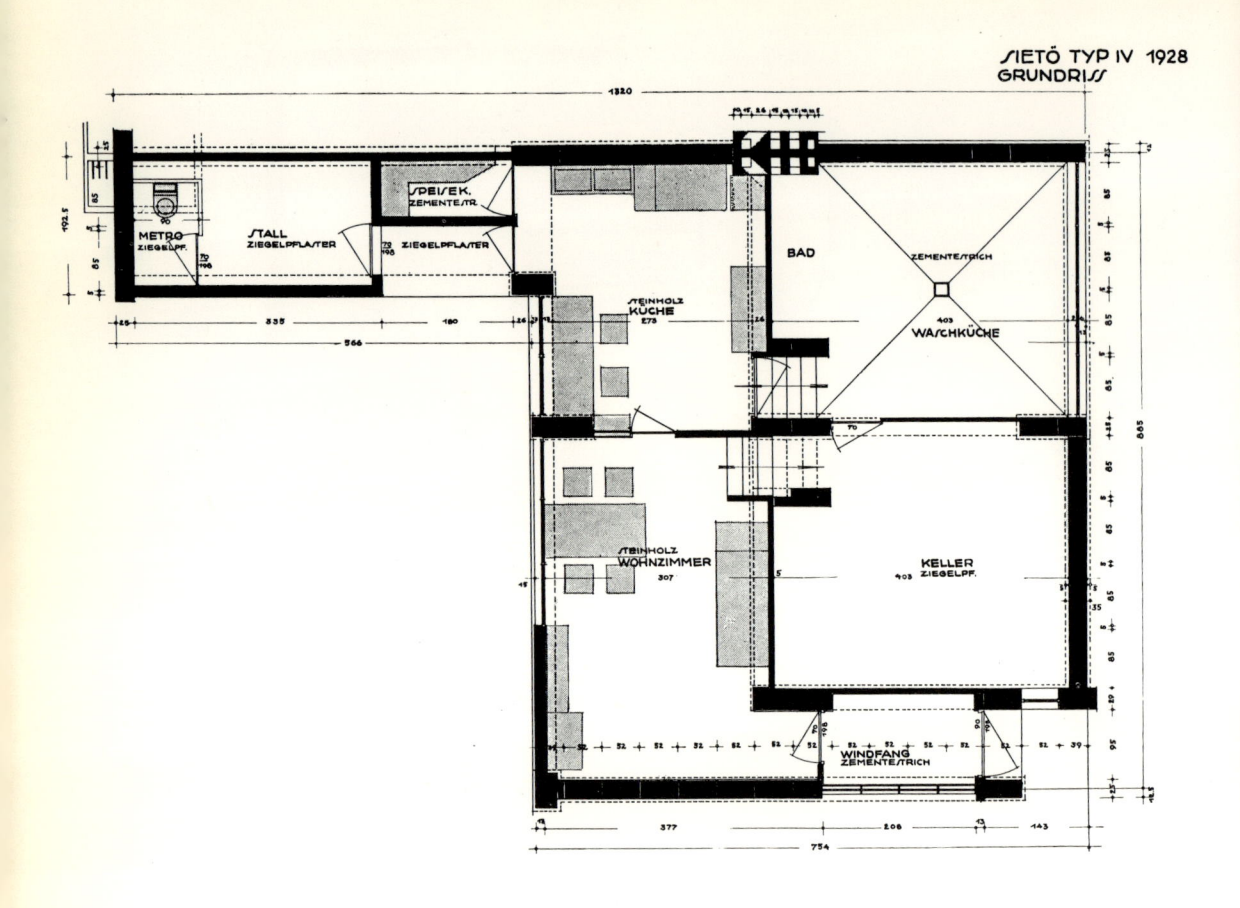

es ist außer zweifel, daß ein kleinerer, gut disponierter grundriß für den bewohner höheren wohnwert hat als ein größerer unrationeller grundriß alter art.

abb. 153 siedlung dessau-törten
keller- und erdgeschoßgrundriß des typs 1928

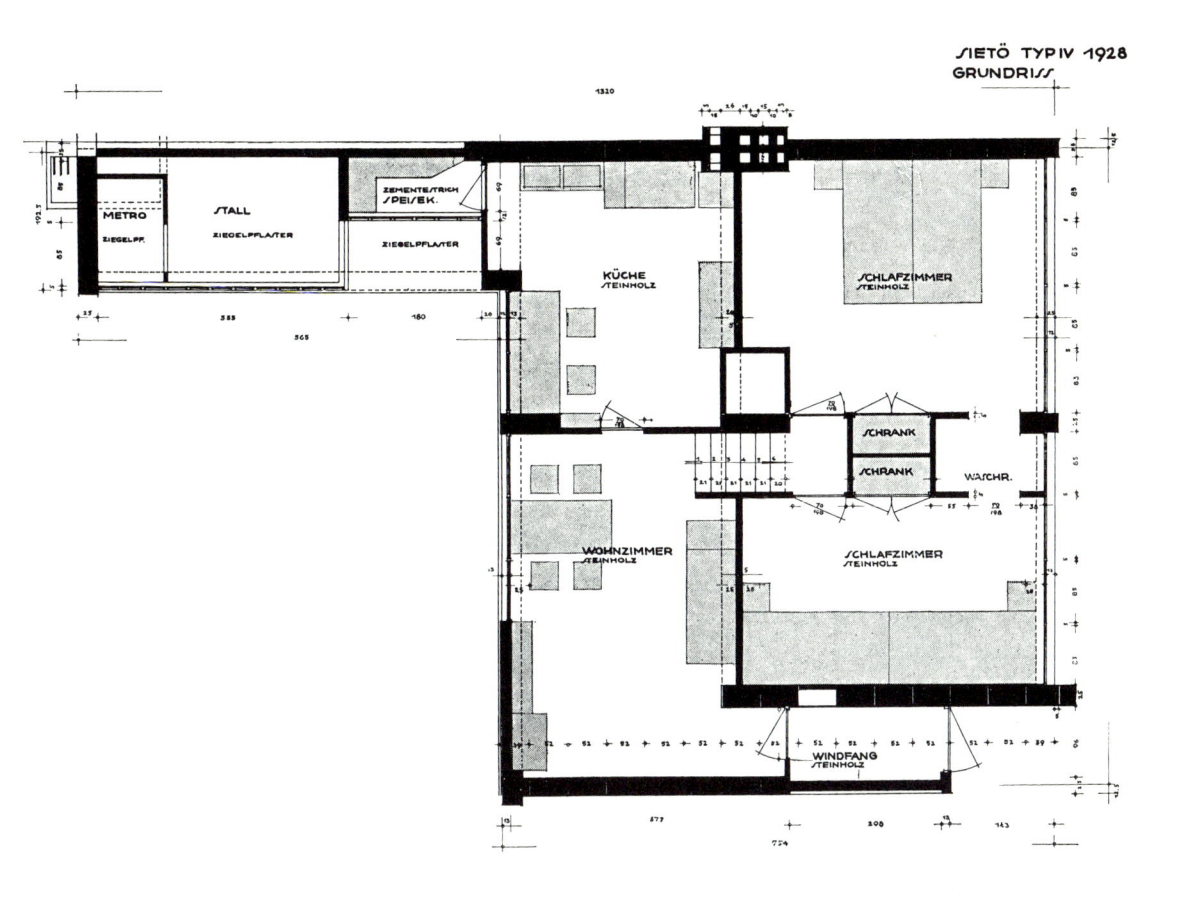

abb. 154 siedlung dessau-törten
erd- und obergeschoßgrundriß des typs 1928

abb. 155 siedlung dessau-törten
plan für die rationelle einrichtung der baustelle
baujahr 1926

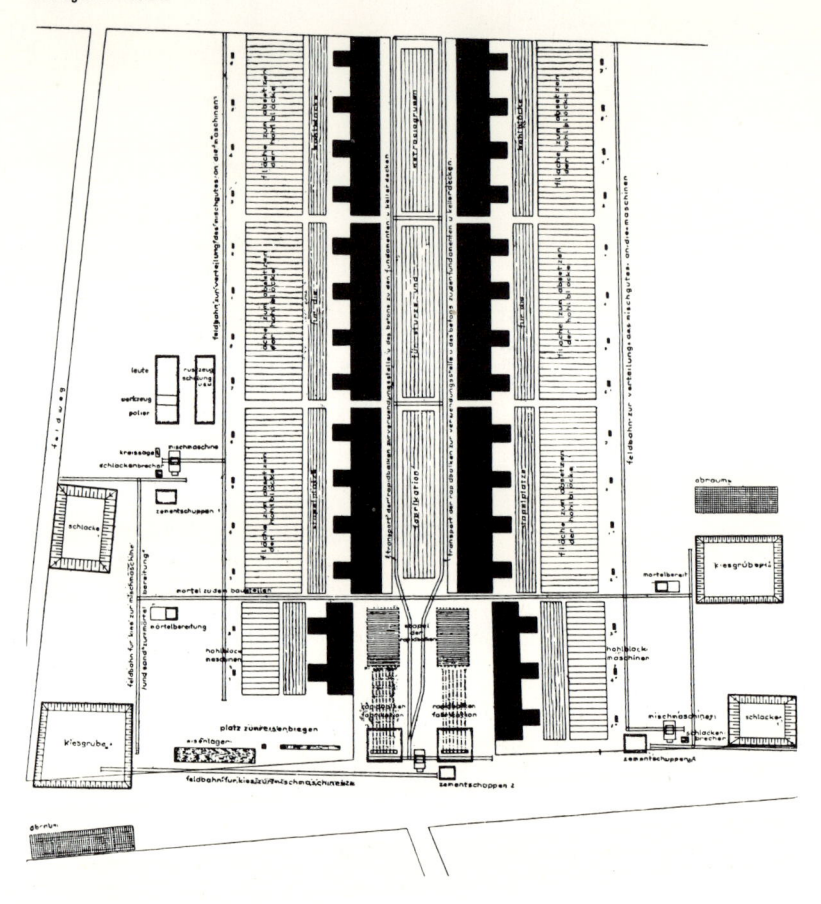

die primitivste volkswirtschaftliche tatsache ist, unsere bedürfnisse ökonomischer, d. h. mit geringerem aufwand an geld, arbeit und material, durch immer mehr sich steigernde organisation zu befriedigen. dieser trieb führte zur maschine, zur arbeitsteilung, zur rationalisierung; begriffe, die aus unserer volkswirtschaft nicht fortzudenken sind und die für das bauen die gleiche bedeutung besitzen wie für alle anderen zweige menschlicher betätigung.

abb. 156 siedlung dessau-törten
organisierte baustelle, baujahr 1926 nach plan abb. 155

foto jué / dessau

die großbaustelle ist hauptvoraussetzung der rationalisierung. mit ihrem umfang wächst die möglichkeit zum einsatz speziell geschulter organe und verteilen sich die generalunkosten für leitung, aufsicht, maschinen günstiger als bei kleinen bauvorhaben.

abb. 157 siedlung dessau-törten
zeitplan für die rohbauten des baujahres 1926

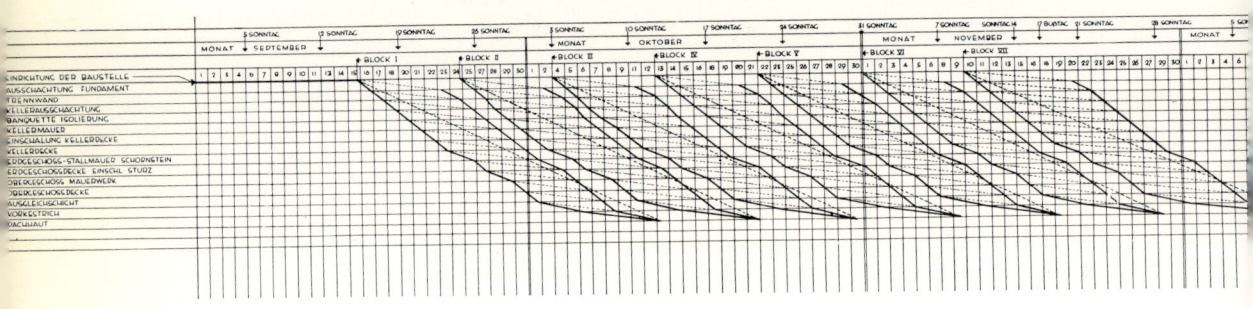

klischee bauhaus

eine planmäßige durchführung der rationalisierung auf dem gesamten baugebiet würde eine so gewaltige ersparnis herbeiführen, daß genügend mittel zur endgültigen behebung der wohnungsnot frei würden.

alle mechanisierung kann in ihrer letzten auswirkung nur den einen sinn haben, das menschliche individuum von materieller arbeit zur befriedigung seiner lebensbedürfnisse zu entlasten, damit geist und hand für die höhere leistung frei werden. wäre die mechanisierung selbstzweck, so müßte das wichtigste, die lebendige volle menschennatur verkümmern, das individuum, das unteilbare, zu einer teilnatur herabsinken. hier entspringen die wurzeln des kampfes zwischen der alten handwerklichen kultur und der neuen maschinenkultur. es ist unumgänglich, daß die neue zeit aus dem handwerk und dem maschinenwerk eine neue, organische werkeinheit entwickelt.

abb. 158 siedlung dessau-törten
turmdrehkran zum versetzen der rapiddeckenbalken und armierten betonbalken (1927)

foto büro gropius

abb. 159 siedlung dessau-törten
turmdrehkran beim versetzen von je 5—6 rapiddeckenbalken (oben und mitte) oder einem armierten betonbalken (unten)

humboldt-film / berlin

abb. 160 siedlung dessau-törten
turmdrehkran beim versetzen eines armierten betonentlastungsbalkens

humboldt-film   berlin

foto baubüro gropius

abb. 161 siedlung dessau-törten
turmdrehkran beim versetzen der balkenlagen über dem erdgeschoß 1928

abb. 162 siedlung dessau-törten   foto wedekind / dessau
bausystem des typs 1927 vor einbringung der füllwände (straßenseite)

das wesentlichste merkmal der neuen bautechnik beruht darin, die funktionen der das gebäude abschließenden wand zu zerlegen; d. h. nicht mehr wie bisher beim ziegelhaus die gesamten wände als tragende teile des hauses zu errichten, sondern die last des ganzen gebäudes lediglich auf ein stützenskelett aus stahl oder beton zu verlegen und durch verwendung hochwertigerer materialien, wie eben stahl und beton, an tragender masse zu sparen, die wände zwischen den stützen dagegen nur so zu konstruieren, daß sie gegen witterungseinflüsse — wärme und kälte — sowie gegen schallstörungen sichern. mit dem ziel größtmöglicher gewichtsersparnis und ersparnis an transportmasse sucht man diese lediglich raumabschließenden nichttragenden wandteile also aus dünneren baueinheiten in hochwertigerem material, z. b. aus leichtbetoneinheiten, herzustellen.

in gleichem maße wie die modernen baustoffe der industriellen fabrikation entstanden und an exaktheit der eigenschaften zunahmen, wird sich auch die metode des bauens den ökonomischen verfahren der industrie annähern, d. h. man wird dem ziele entgegengehen, die baukörper in teile zu zerlegen, die nicht mehr an der baustelle, sondern in stationären werkstättenbetrieben serienmäßig maschinell hergestellt werden, so daß diese teile nunmehr in variabler komposition — der baukasten im großen — im trockenmontageverfahren an der baustelle, unabhängig von saison und witterung, montiert werden können.

abb. 163 siedlung dessau-törten
bausystem des typs 1927 vor einbringen der füllwände (rechts gartenseite)

foto baubüro gropius

foto baubüro gropius

abb. 164 siedlung dessau-törten

ausmauern der füllwände aus schlackenbetonplatten auf der innenseite und wärmeisolierenden zellbetonplatten auf der außenseite.
gleichzeitig werden die quadratischen betonrahmen zur aufnahme der treppenhausverglasung mitversetzt.
baujahr 1927—1928.

abb. 165 siedlung dessau-törten
vor dem putzen werden die gestampften terrazzo-fensterbänke versetzt
baujahr 1928

foto baubüro gropius

foto baubüro gropius

abb. 166 siedlung dessau-törten
einhängen der stahlfenster und stahltürrahmen vor ausmauerung der füllwände

181

es steht außer frage, daß über die wirtschaftlichen fragen hinaus das teurere und schwerer zu bewirtschaftende eigenheim mit garten für viele kreise der bevölkerung wesentliche werte für das familienleben der bewohner, insbesondere für die kinder, mit sich bringt, daß also überall da, wo echte bedürfnisse zum eigenheim vorliegen, dem planmäßigen bau dieser wohnform vorschub geleistet werden muß, selbst wenn die wirtschaftlichen schwierigkeiten zur durchführung dieser wohnform größer sind, als für das großhaus, das freilich für städtische bezirke in neuer verbesserter form seinen wert behalten wird.

abb. 167 siedlung dessau-törten
balkone und gärten an der rückseite der reihen. 1927

foto baubüro gropius

foto baubüro gropius

abb. 168 siedlung dessau-törten
balkon und arbeitsplatz an der rückseite der hausreihen. 1926

abb. 169 siedlung dessau-törten
wohnzimmer. preiswerte serienmöbel 1926
stühle: m. breuer

abb. 170 siedlung dessau-törten
hauseingang
haustür in stahlrahmen. glasbausteine

foto consemüller   bauhaus

abb. 171 siedlung dessau-törten
küche mit einrichtung, 1926

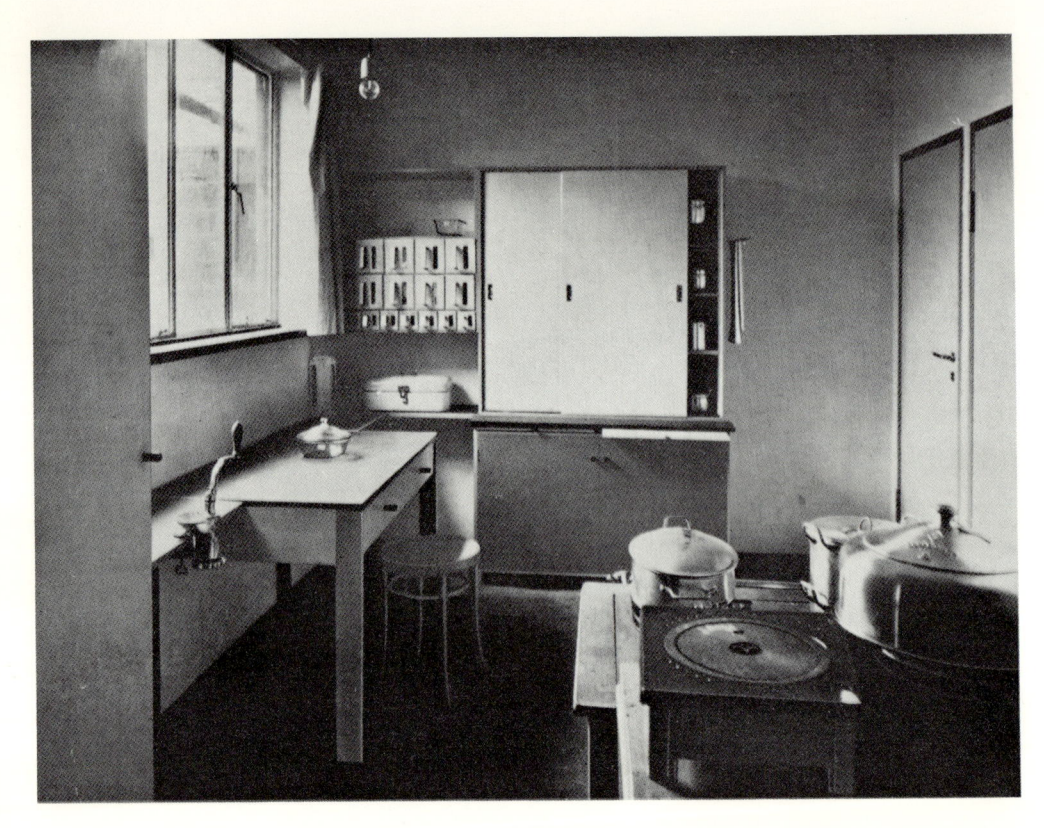

foto wedekind / dessau

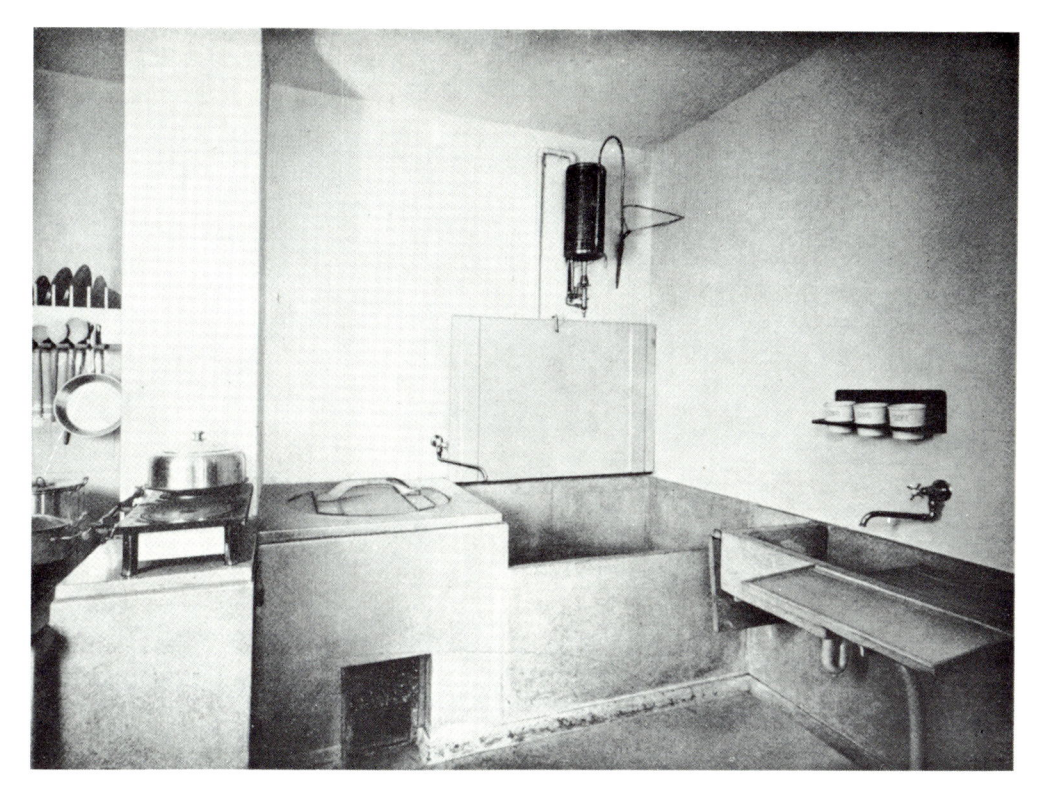

foto wedekind / dessau

abb. 172 siedlung dessau-törten
spülküche mit einrichtung. 1926

waschtrog und sitzbadewanne aus weißem terrazzo. gemeinsamer schwenkhahn, arbeitsklappplatte über der wanne. junkers terme.

abb. 173 siedlung dessau-törten
häuser des typs 1927

foto musche

foto musche

abb. 174 siedlung dessau-törten
häuser des typs 1927

abb. 175 siedlung dessau-törten
häuser des verbesserten typs 1927. baujahr 1928

foto baubüro gropius

abb. 176 siedlung dessau-törten
häuser des typs 1927

abb. 177 siedlung dessau-törten
häuser des typs 1927 / gartenseite

der richtige sinn für die tradition baut nicht auf das mutwillige, eigenbrödlerische wollen, sondern auf das gemeinsame, den standard, der viele zu befriedigen in der lage ist, am meisten inhalt, am meisten qualität besitzt. eine solche gedrängtheit an inhalt läßt sich nur dann erreichen, wenn neue und starke technische mittel angewendet werden, deren aufwand sich erst in der vervielfältigung überhaupt lohnen kann. die ausarbeitung des typus braucht die stärkste und radikalste arbeit, wenn er sich bewähren und erhalten soll, ist das problem eines objekts und seine herstellung bis ins letzte auch auf längere zukunft hinaus durchdacht, so wird dieses zum traditionellen standard, denn nur das bessere ist des guten feind.

foto baubüro gropius

foto baubüro gropius

abb. 178 siedlung dessau-törten
häuser des typs 1928, gartenseite mit stallanbauten und hühnerauslauf

die chaotische uneinheitlichkeit unserer wohnungen beweist die verschwommenheit unserer vorstellungen von der richtigen, dem heutigen menschen angemessenen behausung. die mehrzahl der bürger zivilisierter völker hat gleichartige wohn- und lebensbedürfnisse. die menschliche behausung ist also eine angelegenheit des massenbedarfs. genau so wie es aber heute 90 % der bevölkerung nicht mehr einfällt, sich ihre beschuhung nach maß anfertigen zu lassen, sondern vorratsprodukte bezieht, die infolge verfeinerter fabrikationsmetoden die meisten individuellen bedürfnisse befriedigen, so wird sich in zukunft der einzelne auch die ihm gemäße behausung vom lager bestellen können. grundlegende umgestaltung der gesamten bauwirtschaft nach der industriellen seite hin ist wichtigste forderung für eine zeitgemäße lösung des problems. dieses muß gleichzeitig von drei verschiedenen gebieten aus, vom volkswirtschaftlich-organisatorischen, vom technischen und vom gestalterischen, angefaßt werden. alle drei gebiete sind voneinander abhängig. nur gleichzeitiges vorgehen von allen drei gebieten aus wird zum erfolg führen.

abb. 179 siedlung dessau-törten
häuser des typs 1928

foto baubüro gropius

abb. 180 siedlung dessau-törten
häuser des typs 1928, eingangsseite

das fix und fertig eingerichtete wohnhaus vom lager wird in kürze ein hauptprodukt der industrie werden. die durchführung des umfassenden problems erfordert allerdings entschlossenes gemeinsames vorgehen der staats- und kommunalbehörden, der fachleute und der konsumenten. die großen bauherrenorganisationen, staaten, kommunen, großindustrie, haben die pflicht, die notwendigen versuche, die der hausproduktion vorausgehen müssen, zu finanzieren: öffentliche versuchsplätze mit hilfe öffentlicher mittel sind dringendes erfordernis.
so wie die industrie jeden gegenstand, den sie vervielfältigt, zahllosen versuchen systematischer vorarbeit unterwirft, an der kaufleute, techniker, künstler gleichermaßen beteiligt sind, ehe sein „typus" gefunden wird, so verlangt auch die herstellung typisierter bauteile systematische versuchsarbeit in großzügigem zusammengehen der wirtschaftlichen, industriellen und künstlerischen kräfte.

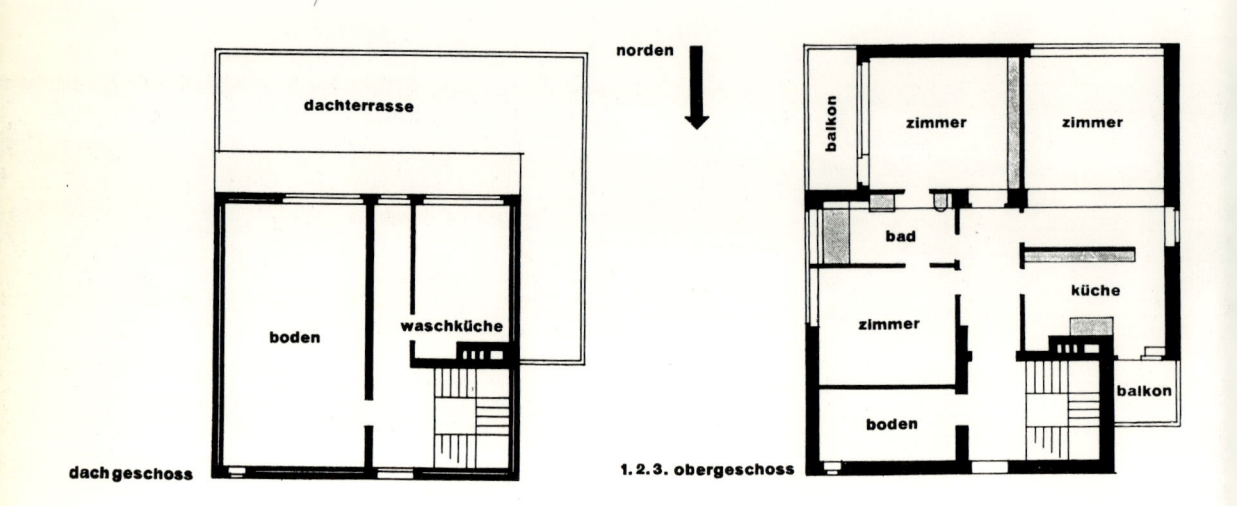

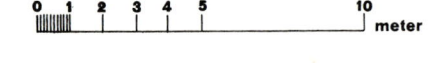

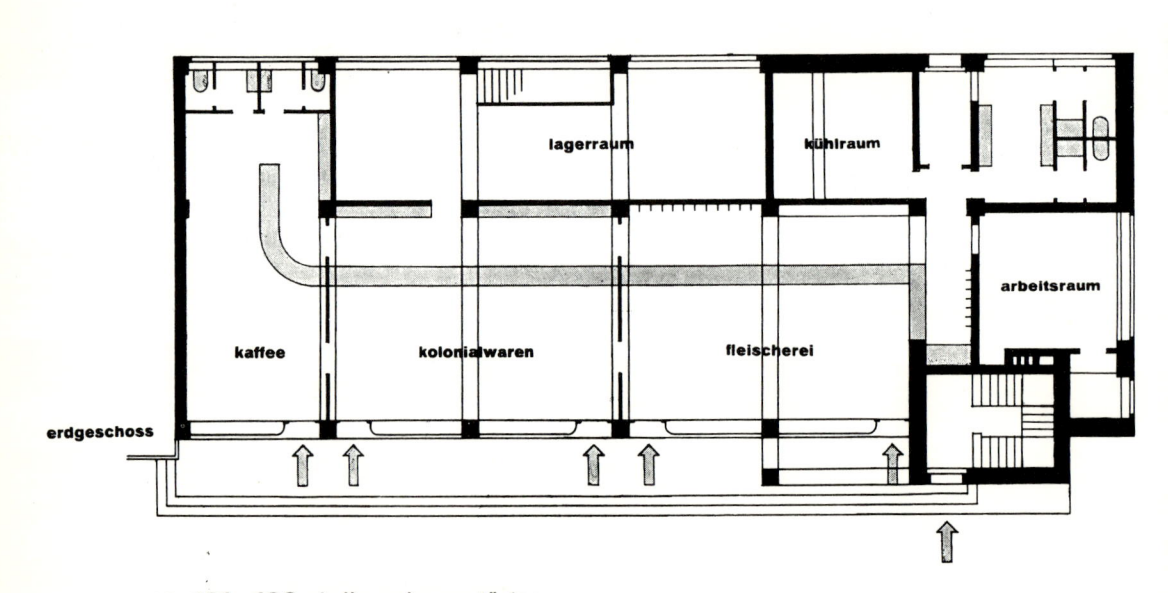

abb. 181—183 siedlung dessau-törten
grundrisse des erdgeschosses und der obergeschosse für den bau des konsumvereins für dessau und umgegend
im flachbau: fleischerladen, kolonialwarenladen und kaffee
im stockwerksbau: drei etagenwohnungen (3 zimmer, bad und küche)

foto theis / dessau

abb. 184 siedlung dessau-törten
südansicht des baus für den konsumverein für dessau und umgegend

abb. 185 siedlung dessau-törten
nordostansicht des baus für den konsumverein für dessau und umgegend

foto theis / dessau

foto theis / dessau

abb. 186 siedlung dessau-törten
zentrum der siedlung mit ostansicht des baus für den konsumverein dessau und umgegend

der gedanke der rationalisierung ist vom wirtschaftsleben der völker ausgehend zu einer großen geistigen bewegung in der zivilisierten welt geworden. sie hat zu einer veränderten lebenseinstellung geführt, die neue schöpferische kräfte auslöst.
das tiefgreifende dieser idee liegt darin, daß sie zum ziele hat, das wirtschaftliche handeln des einzelnen menschen in nutzbringenden zusammenhang mit dem wohl der gesamtheit zu bringen, über den begriff der wirtschaftlichen rentabilität für die einzelne person oder das einzelne unternehmen hinaus. diese das menschliche gemeinschaftsleben berührende, erweiterte auslegung des rationalisierungsgedankens — ratio-vernunft — wird auch zur grundlage der modernen baugesinnung. denn die wohnung des menschen, das gehäuse des lebens, die zelle des größeren gemeinschaftsgebildes der straße, der stadt, ist ein komplexes element, dessen vielfältigkeit seiner funktionen nur durch vernunft im höheren sinne zu einer einheit gebunden und gestaltet werden kann.
es wäre ein irrtum, zu glauben, daß das ziel der rationalisierung der bauwirtschaft allein darin läge, die bestehende bauproduktion nur wirtschaftlich, nicht auch sozial zu verbessern. die rationalisierung ist nicht eine mechanische ordnung! wir dürfen um keinen preis über der ratio das schöpferische vergessen!

arbeitsamt dessau
erbaut 1928/1929
architekt: walter gropius

die bestrebungen der industrie, die warenproduktion zu rationalisieren, haben zur folge, daß auf dem arbeitsmarkt ständig mit arbeitslosen zu rechnen ist. um den austausch der arbeitskräfte, angebot und nachfrage, zu beschleunigen, hat das reich nach dem kriege die

arbeitsvermittlung

selbst übernommen. die provisorisch für die arbeitsvermittlung benutzten gebäude erwiesen sich bald als unzulänglich. es mußte ein von grund aus neuer typ für diese art von gebäuden erst geschaffen werden. die stadt dessau ergriff hierin die initiative und schrieb 1927 einen engeren wettbewerb für ein

arbeitsnachweisgebäude

in dessau aus. mein entwurf wurde zur ausführung bestimmt, im mai 1928 in angriff genommen und juni 1929 bezogen.

das wesentliche der

aufgabe

bestand darin, einen grundrißtyp zu finden (siehe abb. 188), der den besonderen forderungen dieser neuen gebäudegattung genügte, nämlich die arbeitsvermittlung für eine große anzahl arbeitsuchender verschiedener berufsgebiete mit einer möglichst geringen anzahl von beamten zu bewältigen. aus dieser forderung resultiert die halbkreisform des grundrisses, die die anordnung der großen warteräume — nach berufsgruppen segmentförmig geteilt — an der peripherie ermöglicht, die der einzelberatungsräume dagegen dahinter im innern. diese lösung hat noch den weiteren vorteil, daß dem schwankenden raumbedarf für die männlichen und weiblichen beratungsstellen durch verschiebbarkeit der trennungsschranke im inneren umgang variabel entsprochen werden kann. die halbkreisform hatte zur folge, daß die belichtung der im innern liegenden räume mit hilfe konzentrisch angeordneter shedringe gelöst wurde und durch anlage einer mechanischen be- und entlüftungsanlage die funktion der shedoberlichte im wesentlichen auf die lichtzufuhr beschränkt blieb. (siehe abb. 194.)

an den halbkreisförmigen flachbau lehnt sich der zweigeschossige, für das publikum in der hauptsache nicht zugängliche verwaltungsbau an.

die ausführung

der flachbau ist ein eisenskelettbau. das gesamte mauerwerk ist mit lederfarbenen verblendsteinen bekleidet, das flachdach des verwaltungshauses mit kiespreßdach auf korkestrich gedeckt. sämtliche fenster bestehen aus stahlprofilen. die wände der publikumsräume sind mit glasierten verblendern bekleidet. die fußböden der inneren und verwaltungsräume sind naturfarbener steinholzestrich, die der warteräume terrazzo mit messingteilbändern. die bauhaustischlerei lieferte die möbel, die bauhausmetallwerkstatt die beleuchtungskörper und die bauhauswandmalerei übernahm die farbige gestaltung sämtlicher räume. der bau bedeckt 1555 qm bebaute fläche und enthält 7461 cbm umbauten raum. die kosten einschließlich aller nebenkosten betrugen 297950 rm, oder 39,9 rm pro cbm umbauten raum.

foto theis / dessau

abb. 187 arbeitsamt dessau
nordwestansicht mit den an der periferie liegenden eingängen für die verschiedenen berufsgruppen
kittlose oberlichtverglasung der shed-schrägflächen

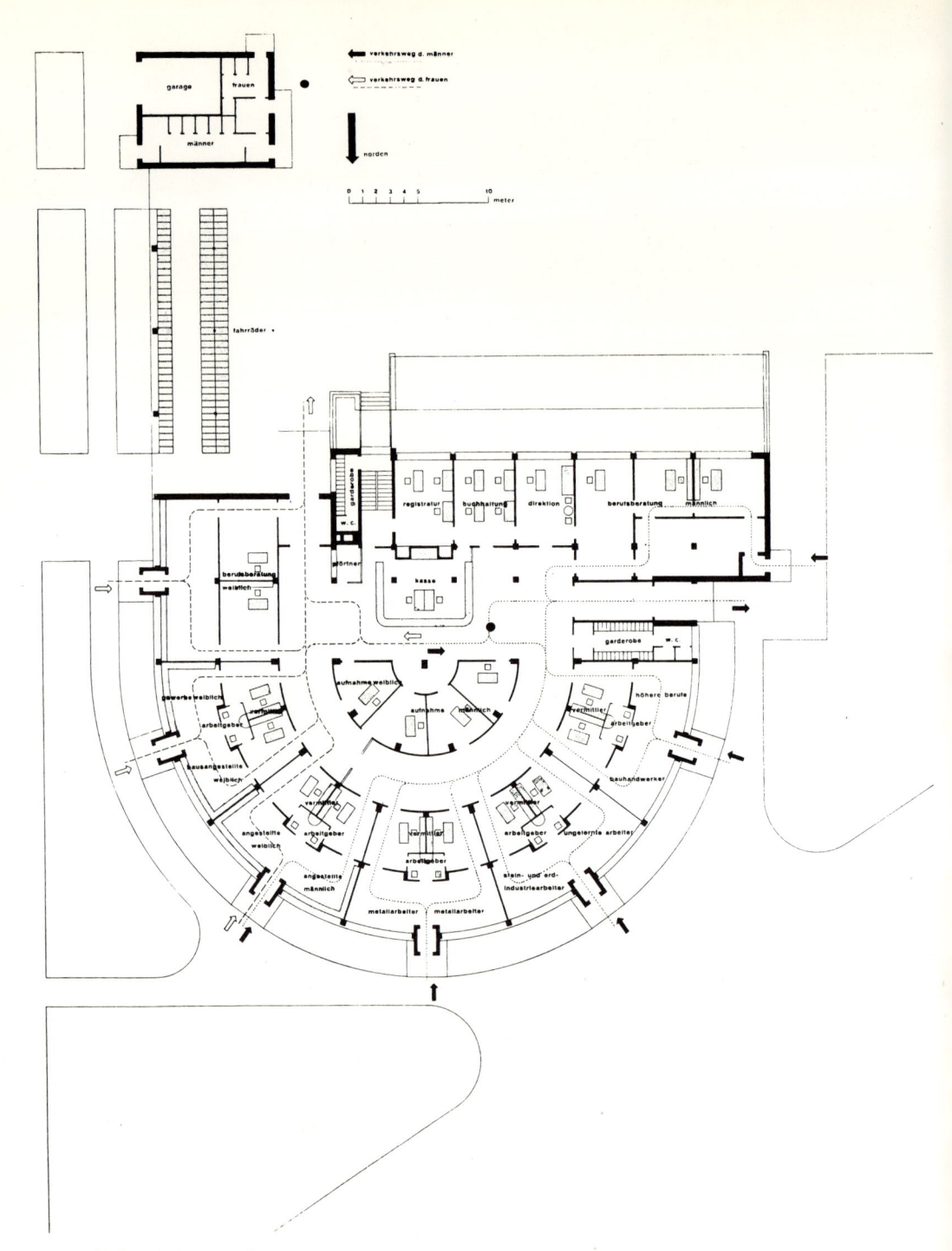

abb. 188 arbeitsamt dessau
erdgeschoßgrundriß
anordnung der hauptanlage zu ebener erde zur vermeidung von stauungen auf treppen

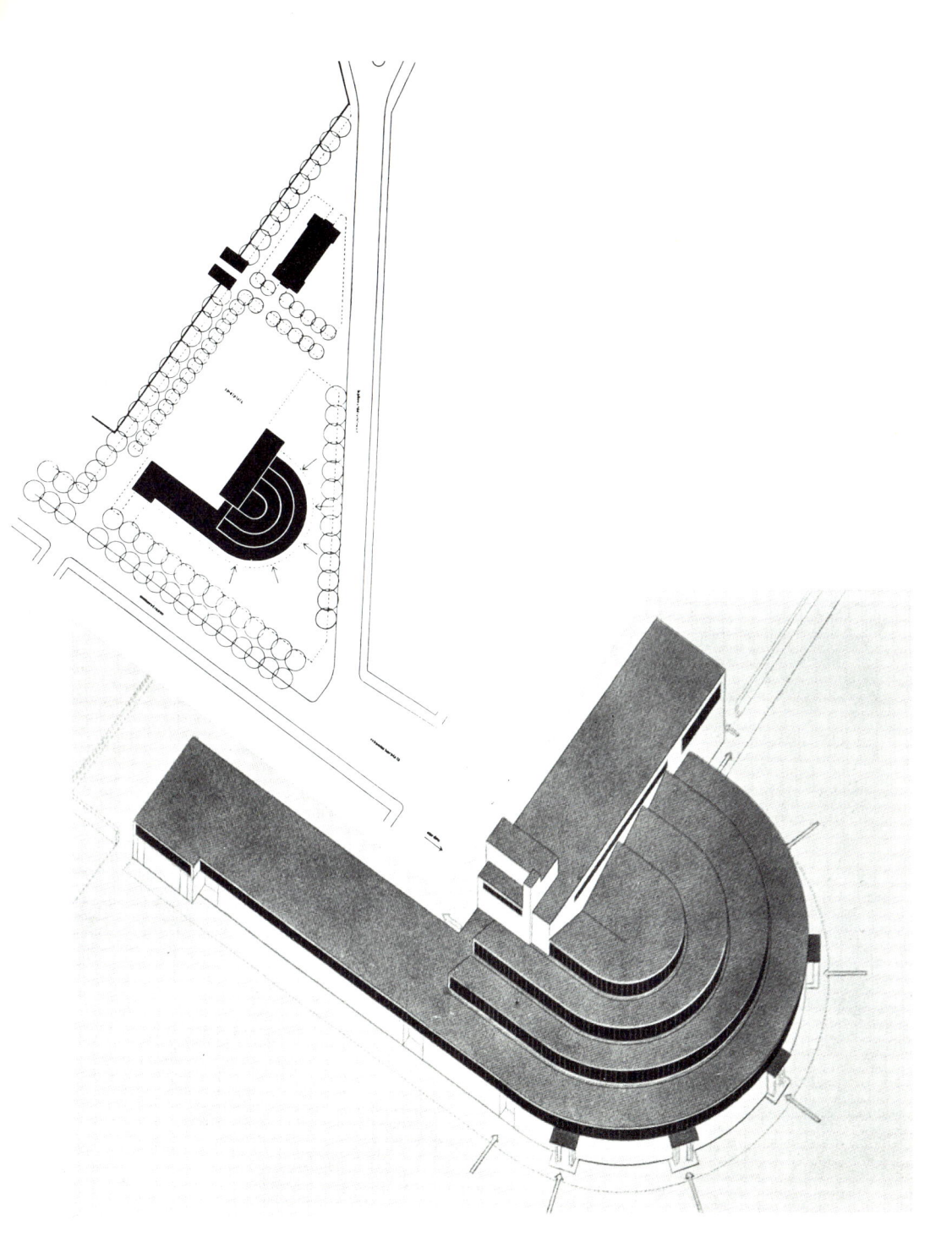

abb. 189 arbeitsamt dessau
lageplan

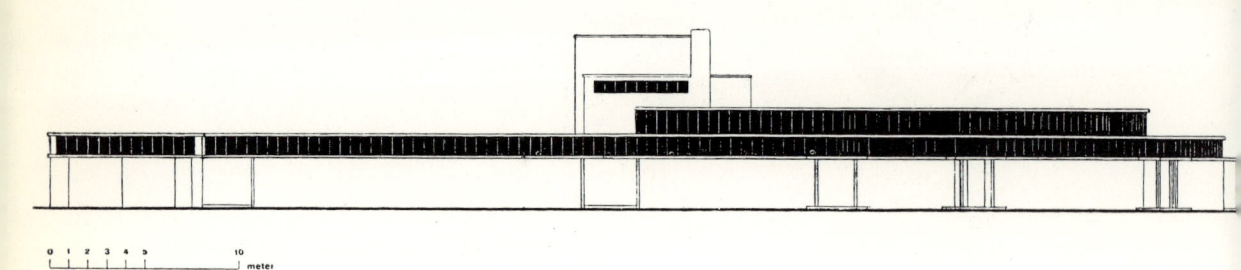

abb. 190 arbeitsamt dessau
ostansicht

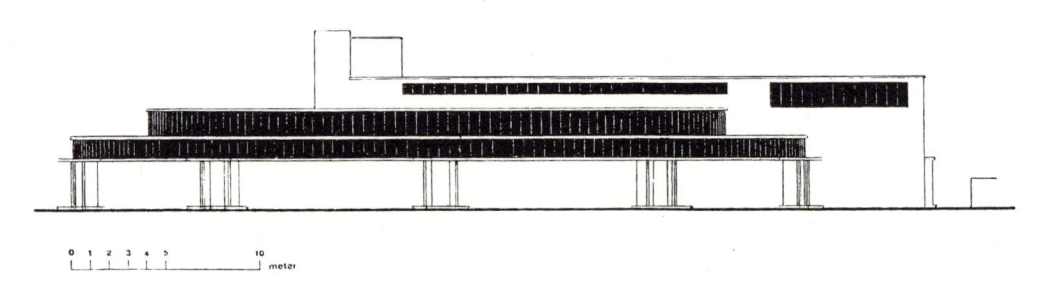

abb. 191 arbeitsamt dessau
nordansicht

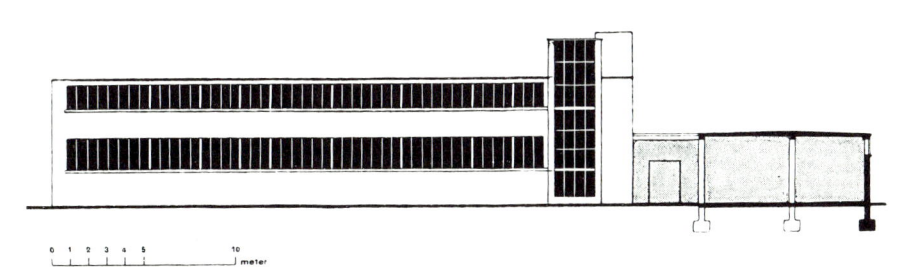

abb. 192 arbeitsamt dessau
südansicht

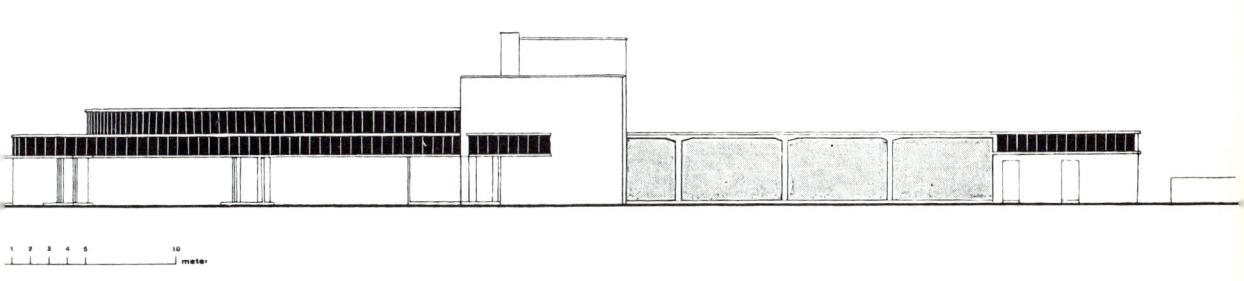

abb. 193 arbeitsamt dessau
westansicht

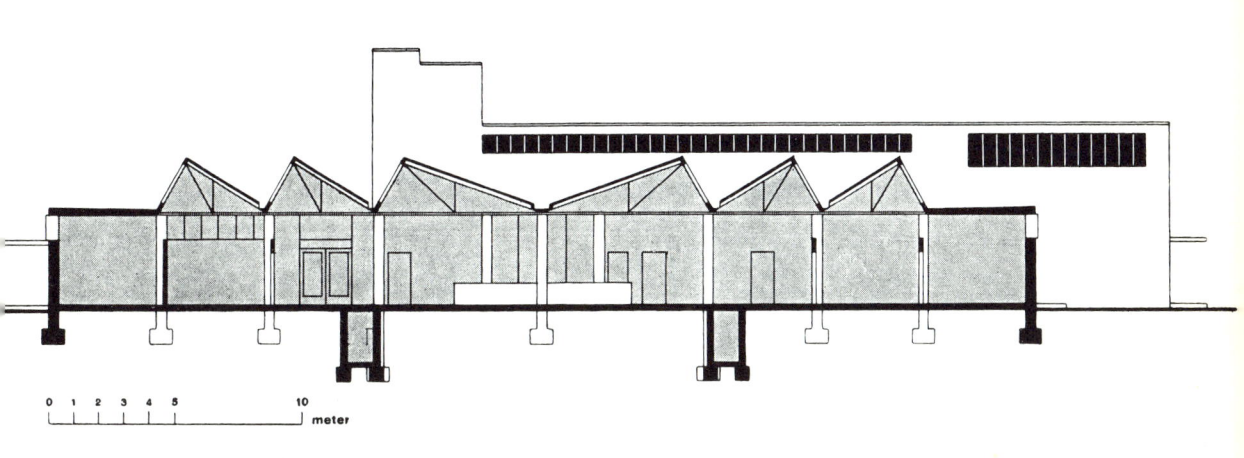

abb. 194 arbeitsamt dessau
ost-west-schnitt durch den shedbau

abb. 195 arbeitsamt dessau
eisengerüst des halbkreisförmigen shedbaus

foto theis / dessau

abb. 196 arbeitsamt dessau
eisengerüst des halbkreisförmigen shedbaus
montage der pfetten

abb. 197 arbeitsamt dessau
kasse im zentrum des shedbaus

foto theis / dessau

foto theis / dessau

abb. 198 arbeitsamt dessau
mittelstütze im kern des shedbaus, rechts zahltisch der kasse

abb. 199 arbeitsamt dessau
inner umgang im shedbau
wände: weißglasierte verblendsteine
staubdecke: riffelglas

foto theis / dessau

abb. 200 arbeitsamt dessau
mittelstütze im kern des shedbaus

abb. 201 arbeitsamt dessau
südwestansicht des verwaltungsgebäudes. im hintergrund fahrradschuppen und w. c.

foto theis / dessau

abb. 202 arbeitsamt dessau
   südansicht des verwaltungsgebäudes und treppenhaus
   rechts davon ausgang für die weiblichen stellungsuchenden

abb. 203 arbeitsamt dessau
nordansicht des shedbaus mit den an der peripherie liegenden eingängen für die verschiedenen berufsgruppen

das ziel des architektenberufes ist das eines zusammenfassenden organsisators, der von sozialen, d. h. im sinne der gemeinschaft gültigen, lebensvorstellungen ausgehend alle wissenschaftlichen, technischen, wirtschaftlichen und gestalterischen probleme des bauens zu sammeln und in gemeinschaftsarbeit mit zahlreichen spezialisten und arbeitern planvoll zu einem einheitlichen werk zu verschmelzen hat.

foto theis / dessau

verzeichnis der abbildungen

abb.		seite
1	bauhausgebäude aus der vogelschau	16
2	aus der vogelschau	17
3	aus der vogelschau	18
4	lageplan der gesamtanlage	19
5	grundriß des erdgeschosses	20
6	grundriss des 1. stockes	21
7	im rohbau 1926, ostansicht	22
8	im rohbau 1926, südostansicht	23
9	westansicht. zeichnung	24
10	nordwestansicht	25
11	ostansicht mit schnitt durch die aula	26
12	nordostansicht	27
13	verbindungsgang des ersten stocks in der brücke	28
14	brückenbau zwischen dem hauptgebäude und dem gebäude der „technischen lehranstalten"	29
15	ostwestschnitt. zeichnung	30
16	nordansicht gegen atelierhaus, speisesaal und bühne	31
17	nordwestansicht gegen die brücke aus dem einweihungsfilm der „ufa"	32
18	südostansicht, aus dem einweihungsfilm der „ufa"	33
19	nordansicht der „technischen lehranstalten". zeichnung	34
20	nordwestansicht der „technischen lehranstalten"	35
21	südansicht. zeichnung	36
22	südansicht	37
23	ostansicht des atelierhauses	38
24	ostansicht	39
25	südseite des atelierhauses. nachtaufnahme	40
26	südostansicht des atelierhauses	41
27	balkons des atelierhauses	42
28	einzelbalkons des atelierhauses	43
29	eingang zum hauptbau	44
30	blick vom brückenbau gegen atelierhaus, speisesaal und bühne	45
31	nordwestansicht	46
32	nordwestecke des werkstattbaues	47
33	haupteingang	48

abb.			seite
34	bauhausgebäude	teilansicht des werkstattbaues	49
35		nebeneingang des haupttreppenhauses	50
36		blick vom haupttreppenhausfenster auf den werkstattbau	51
37		ecke des haupttreppenhauses mit dem werkstattbau	52
38		blick vom podest des haupttreppenhauses im bau der „technischen lehranstalten"	53
39		dachgarten auf dem atelierhaus	54
40		blick auf die terrasse vor dem speisesaal	55
41—43		leben im bauhaus	56
44—47		leben im bauhaus	57
48		nordostansicht bei nacht	58
49		nordwestansicht bei nacht	59
50		eisernes fenster eines werkstattraumes	60
51		eisernes fenster der aula und des speisesaals	61
52		fenster der badeanstalt	61
53		flur und treppenhaus der „technischen lehranstalten"	62
54		haupttreppenhaus	63
55		eingangsvestibül	64
56		aula	65
57		lehrerzimmer der „technischen lehranstalten"	66
58		arbeitszimmer des direktors	67
59		weberei-werkstatt	68
60		metallwerkstatt	69
61		metallwerkstatt	69
62		metallwerkstatt	70
63		metallwerkstatt	71
64		tischlereiwerkstatt	72
65		wandmalerei-werkstatt	73
66		werk- und zeichensaal der vorlehre	74
67		zeichensaal der architekturabteilung	75
68		speiseausgabe im speisesaal	76
69		speisesaal	77
70		teeküche im atelierhaus	78
71		studierendenatelier im atelierhaus	79
72		waschraum im werkstattbau	80
73		fernsprechstelle zwischen werkstatträumen	81
74		beleuchtungskörper der lehrräume	81
75		aus der vogelschau	82
76	wohnungen der	lageplan der sieben einfamilienwohnungen	87
77	bauhausmeister	straßenansicht eines doppelhauses	88
78		gartenansicht des einzelhauses	89
79		erdgeschoßgrundriß des einzelhauses	90
80		obergeschoßgrundriß des einzelhauses	91
81		straßenansicht des einzelhauses	92

abb.			seite
82	wohnungen der	westansicht des einzelhauses	93
83	bauhausmeister	nordostansicht des einzelhauses	94
84		westansicht des einzelhauses	95
85		südansicht des einzelhauses	96
86		südostansicht des einzelhauses	97
87		windfang im einzelhaus	98
88		garderobeneinbauten im einzelhaus	99
89		doppelwohn- und -eßzimmer im einzelhaus	100
90		eßzimmer im einzelhaus	101
91		eßzimmer im einzelhaus	102
92		boswik-gitter vor dem eßzimmerfenster	103
93		doppelschreibtisch im wohnzimmer des einzelhauses	104
94		vertikalregistratur im doppelschreibtisch des einzelhauses	105
95		schreibtischklapplampe am doppelschreibtisch des einzelhauses	106
96		bildnische und besteckschrank im eßzimmer des einzelhauses	107
97		tee-ecke im wohnzimmer des einzelhauses	108
98		nähschrank und bibliotek im wohnzimmer des einzelhauses	109
99—100		doppelsofa im wohnzimmer des einzelhauses	110
101		doppelsofa im wohnzimmer des einzelhauses	111
102		ventilator im wohnzimmer des einzelhauses	112
103		ventilator im wohnzimmer des einzelhauses	113
104		veranda vor dem eßzimmer des einzelhauses	114
105		dachterrasse im einzelhaus	115
106		hauptschlafzimmer im einzelhaus	116
107		schuhschrank im schlafzimmer des einzelhauses	117
108		nachttisch im schlafzimmer des einzelhauses	118
109		wäschewandschrank im schlafzimmer des einzelhauses	119
110		begehbarer kleiderschrank im einzelhaus	120
111		begehbarer kleiderschrank im einzelhaus	121
112		waschnische in einem schlafzimmer des einzelhauses	122
113		toilettennische im gastzimmer des einzelhauses	123
114		spüle des einzelhauses	124
115		spüle des einzelhauses	125
116		küche im einzelhaus	126
117		eingebauter geschirr- und besteckschrank im einzelhaus	127
118		küche im einzelhaus	128
119		topfschrank in der küche des einzelhauses	129
120		schrank für plättbrett im einzelhaus	130
121		eingebauter schrank für gebrauchte wäsche im treppenhaus des einzelhauses	131
122		badezimmer im einzelhaus	132
123		waschküche im einzelhaus	133

abb.			seite
124	wohnungen der	ostansicht eines doppelhauses	134
125	bauhausmeister	ostansicht eines doppelhauses	135
126		erdgeschoßgrundriß eines doppelhauses	136
127		obergeschoßgrundriß eines doppelhauses	137
128		sitzplatz vor dem eßzimmer der doppelhäuser	138
129		garten- (süd-) ansicht eines doppelhauses	139
130		atelier in einem doppelhaus	140
131		atelierstahlfenster eines doppelhauses	141
132		wohnzimmer eines doppelhauses	142
133		blick aus einem fenster des doppelhauses	143
134		wohnzimmer eines doppelhauses	144
135		wohnzimmer eines doppelhauses	145
136		eßzimmer in einem doppelhaus	146
137		geschirrschrank im doppelhaus	147
138		schlafzimmerecke in einem doppelhaus	148
139		schlafzimmerfenster eines doppelhauses	149
140		badezimmer eines doppelhauses	150
141		speiseschrank im doppelhaus	151
142	siedlung	erster bauabschnitt 1926 aus der vogelschau	159
143	dessau-törten	gesamtlageplan für die baujahre 1926, 1927, 1928	160
144		konstruktionsschema baujahr 1926	161
145		ansicht vom dach des konsumgebäudes	163
146		grundriß des obergeschosses vom typ des baujahres 1926	164
147		grundriß des erdgeschosses vom typ des baujahres 1926	164
148		modell des konstruktionsschemas 1926	165
149		schnitt vom typ des baujahres 1926	165
150		keller- und fundamentgrundriß des typs 1927	166
151		erdgeschoßgrundriß des typs 1927	167
152		obergeschoßgrundriß des typs 1927	167
153		keller- und erdgeschoßgrundriß des typs 1928	168
154		erd- und obergeschoßgrundriß des typs 1928	169
155		plan für die rationelle einrichtung der baustelle baujahr 1926	170
156		organisierte baustelle baujahr 1926	171
157		zeitplan für die rohbauten des baujahres 1926	172
158		turmdrehkran	173
159		turmdrehkran	174
160		turmdrehkran	175
161		turmdrehkran	176
162		bausystem des typs 1927	177
163		bausystem des typs 1927	178
164		ausmauern der füllwände	179
165		versetzen der fensterbänke	180
166		einhängen der stahlfenster- und stahltürrahmen	181

abb.			seite
167	siedlung	balkone und gärten an der rückseite	182
168	dessau-törten	balkon und arbeitsplatz	183
169		wohnzimmer	184
170		hauseingang	185
171		küche	186
172		spülküche und badeeinrichtung	187
173		fertige häuser des typs 1927	188
174		fertige häuser des typs 1927	189
175		fertige häuser des verbesserten typs 1927	190
176		fertige häuser des typs 1927	191
177		fertige häuser des typs 1927	192
178		fertige häuser des typs 1928	193
179		fertige häuser des typs 1928	194
180		fertige häuser des typs 1928	195
181—183		grundrisse des erdgeschosses und der obergeschosse für den konsumvereinsbau	196
184		südansicht des konsumvereinsgebäudes	197
185		nordostansicht des konsumvereinsbaues	198
186		zentrum der siedlung mit ostansicht des konsumvereinsgebäudes	199
187	arbeitsamt	nordwestansicht	203
188	dessau	erdgeschoßgrundriß	204
189		lageplan, zeichnung	205
190		ostansicht, zeichnung	206
191		nordansicht, zeichnung	206
192		südansicht, zeichnung	207
193		westansicht, zeichnung	207
194		ost-west-schnitt durch den shedbau	207
195		eisengerüst des shedbaues	208
196		eisengerüst des shedbaues	209
197		kasse im zentrum des shedbaues	210
198		mittelstütze im kern des shedbaues	211
199		innerer umgang im shedbau	212
200		mittelstütze im kern des shedbaues	213
201		südwestansicht des verwaltungsgebäudes	214
202		südansicht des verwaltungsgebäudes	215
203		nordostansicht des shedbaues	216

Bauhausbauten Dessau

9783783700831.3